河南典型传统村落研究

李喜民 王中雨 李 宏 乔 曼 娄思元
张 静 甄 莎 沙 强 陈道山 连建功
张少飞 徐新林 马海燕 著

郑州大学出版社

图书在版编目(CIP)数据

河南典型传统村落研究 / 李喜民等著. — 郑州：郑州大学出版社，2021.11
ISBN 978-7-5645-8257-9

Ⅰ. ①河… Ⅱ. ①李… Ⅲ. ①村落-研究-河南 Ⅳ. ①K928.5

中国版本图书馆 CIP 数据核字(2021)第 210351 号

河南典型传统村落研究
HENAN DIANXING CHUANTONG CUNLUO YANJIU

策划编辑	王卫疆　胥丽光	封面设计	苏永生
责任编辑	王晓鸽	版式设计	凌　青
责任校对	呼玲玲	责任监制	凌　青　李瑞卿
出版发行	郑州大学出版社有限公司	地　　址	郑州市大学路40号(450052)
出 版 人	孙保营	网　　址	http://www.zzup.cn
经　　销	全国新华书店	发行电话	0371-66966070
印　　刷	河南龙华印务有限公司		
开　　本	787 mm×1 092 mm　1 / 16		
印　　张	14.25	字　　数	295 千字
版　　次	2021 年 11 月第 1 版	印　　次	2021 年 11 月第 1 次印刷
书　　号	ISBN 978-7-5645-8257-9	定　　价	68.00 元

本书如有印装质量问题,请与本社联系调换。

前　言

《中国传统村落研究——以河南典型传统村落为例》是河南牧业经济学院院级重点学科——乡村旅游系列成果的重要组成部分。待出版的专著成果除本专著外，还有《乡村振兴背景下河南乡村旅游研究》等。本专著成果将丰富与深化乡村旅游研究与实践。

本专著在开展过程中，研究团队严格按照高标准、大视野和重实践的原则，分别于2019年12月19日、2020年3月26日举行了项目推动会、项目调研专题会，确保项目实施有分工、有安排、有落实。项目组织期间，团队组与河南省文化和旅游厅、河南省住房和城乡建设厅保持通畅的工作联系和沟通，使得项目开展始终围绕主线有序进行。为提高效率，团队组成员分3个小组同时开展调研工作，从2020年6月5日至10月27日，对河南省16个地市的45个典型传统村落进行为期4个月的实地调研、深度访谈、资料搜集，并将信阳市新县田铺乡田铺大塆村、洛阳市栾川县潭头镇大王庙村、修武县云台山镇一斗水村、鹤壁市淇县灵山街道办事处赵庄村作为重点调研区域，准确掌握河南省传统村落的基本情况。

本著作共分三个篇章，第一篇章为传统村落研究综述；第二篇章为河南典型传统村落，共选取45个典型村落，按地理方位豫东、豫南、豫西、豫北、豫中，分别从村落概况、沿革、村域环境、选址与格局、传统建筑等进行阐述；第三部分为传统村落的传承、保护与利用及其展望。

本书的贡献在于，从理论和实践两个维度进一步梳理了传统村落的概念、传承、保护和利用。全面调研了河南省典型传统村落，并从村落概况、沿革、村域环境、选址与格局、传统建筑等方面进行透彻分析。基于上述工作，就河南省传统村落发展的现状、存在的问题及发展前景进行分析，为推动河南省传统村落的保护、开发和利用提供对策和建议。

本书是河南牧业经济学院乡村旅游研究团队集体智慧的结晶，具体分工如下：李喜民负责专著的框架确定与书稿的统筹和审定；王中雨和李宏负责书稿的编写凝练和协调工作。参加"中国传统村落研究——以河南典型传统村落为例"的成员有：李喜民、王中雨、李宏、乔曼、娄思元、张静、甄莎、沙强、陈道山、连建功、张少飞、徐新林、马海燕。

在此，感谢河南省文化和旅游厅、河南省住房和城乡建设厅的大力支持；感谢郑州大学出版社一直以来对我校旅游管理学科成果出版的一丝不苟和专业化支持，以及为本书出版在策划、编辑和文稿审校方面的辛勤付出！

由于水平有限,加之团队对传统村落的理论与实践研究理解的局限性,书稿及其观点难免有不足之处,恳请读者同仁、专家学者和阅读本书的大学生、研究生以及旅游管理等相关部门工作者不吝批评指正!

目 录

第一篇 传统村落研究综述 ··· 1
一、概念界定 ··· 3
二、研究背景 ··· 4
三、相关文献和综述 ··· 5

第二篇 河南典型传统村落 ··· 13

第一章 豫东地区

一、商丘市睢阳区李口镇清河口村刘旬庄村 ··· 15
二、周口市商水县邓城镇邓东村 ··· 17

第二章 豫西地区

一、洛阳市孟津县小浪底镇刘庄村乔庄村 ··· 22
二、洛阳市孟津县常袋镇石碑凹村 ··· 24
三、洛阳市汝阳县蔡店乡杜康村 ··· 30
四、洛阳市栾川县潭头镇大王庙村 ··· 33
五、洛阳市栾川县三川镇抱犊寨 ··· 40
六、三门峡市陕县西张村镇庙上村 ··· 45
七、三门峡市义马市东区办事处石佛村 ··· 48

第三章 豫南地区

一、南阳市内乡县岈曲乡吴垭村 ··· 52

二、南阳市邓州市杏山旅游管理区杏山村 …… 55
三、南阳市南召县云阳镇老城村 …… 58
四、驻马店市确山县竹沟镇竹沟村 …… 61
五、驻马店市西平县杨庄乡仪封村 …… 71
六、信阳市光山县文殊乡东岳村 …… 77
七、信阳市新县八里畈镇神留桥村丁李湾村 …… 87
八、信阳市新县田铺乡田铺大塆村 …… 91

第四章　豫北地区

一、安阳市林州市任村镇马刨泉村 …… 97
二、安阳市林州市合涧镇肖街村北庵沟村 …… 102
三、安阳市林州市临淇镇白泉村 …… 111
四、鹤壁市鹤山区姬家山乡施家沟村 …… 115
五、鹤壁市淇滨区上峪乡柏尖山村 …… 122
六、新乡市卫辉市狮豹头乡小店河村 …… 128
七、新乡市卫辉市狮豹头乡里峪村 …… 131
八、新乡市辉县市沙窑乡郭亮村 …… 135
九、新乡市辉县市南寨镇齐王寨 …… 141
十、濮阳市清丰县双庙乡单拐村 …… 145
十一、濮阳市华龙区岳村乡东北庄村 …… 152
十二、鹤壁市淇县黄洞乡纣王殿村 …… 158
十三、鹤壁市淇县灵山街道办事处赵庄村 …… 162
十四、济源市邵原镇双房村 …… 167
十五、济源市思礼镇水洪池村 …… 171

第五章　豫中地区

一、登封市徐庄镇柳泉村柏石崖村 …… 177
二、修武县云台山镇一斗水村 …… 181
三、平顶山市郏县堂街镇临沣寨 …… 188

第三篇　传统村落的传承、保护、利用及其展望 …………………………………… 197
　一、传统村落的传承 ………………………………………………………… 199
　二、传统村落的保护 ………………………………………………………… 202
　三、传统村落的利用 ………………………………………………………… 210
　四、传统村落的传承、保护与利用展望 …………………………………… 213

参考文献 ……………………………………………………………………………… 214

第一篇 传统村落研究综述

一、概念界定

乡村,是人类从狩猎采集文明过渡到农业文明之后形成的一种聚落形态,是农业生产者生活起居及繁衍生息的地方。

随着世界现代化进程的发展,国内外学者对乡村景观进行了广泛研究,尤其是对乡村地域文化景观给予了特殊关注。

传统村落是我国经济社会发展尤其是进入现代社会之后提出的一个新概念。在住房和城乡建设部、文化与频道部、国家文物局、财政部印发的关于传统村落调查中,对传统村落给予了明确的界定:"传统村落是指村落形成较早,拥有较丰富的传统资源,具有一定历史、文化、科学、艺术、社会、经济价值,应予以保护的村落。"

"传统"一词在汉语语境中,特指文化(包括物质文化、制度文化、心理文化等)的传承,是历史发展继承性的表达和彰显。"传统指历史沿传下来的思想、文化、道德、风俗、艺术、制度以及行为方式等对人们的社会行为有无形的影响和控制作用。"[1]传承是传统的核心特征。人们在历史变迁中,不断继承优化前人的文明,一代代延续发展。因此,"传统是社会所积累的经验"[2]。中国是一个历史悠久的农业社会,受地理环境等方面因素的影响,人口流动性小。当人们选择一个地方定居之后,如果没有自然灾害或战争,会长时间稳定地居住在这个地方。从世界民族变迁的历史来看,中国人具有"安土重迁"的特征。即使在异乡腾达之后也会选择回去,而不是像世界上很多民族选择携妻带子迁徙。这种选择,除了中国特有的户籍制度之外,更多的是文化的原因。在今天我们仍然能够捕捉到这种文化的基因,如在有"中国第一侨乡"之称的江门留下独具特色的"碉楼奇观"等,就是侨民把在国外发展获得的收益拿到自己家乡修建的房屋。因此,经过长时间的发展,同一地区的人群会形成相对稳定的生活方式和居住方式。长时间的聚居,经验的不断积淀提升,就会形成一套相对稳定的经验传统。在人类生产生活必不可少的衣食住行中,只有住的形式能够有迹可循,在今天集中表现在传统村落之中,尤其是村落选址、宅院营建、空间布局等。这是传统在当代彰显的重要方式和形式。

村落在中国语境下主要意指"农村","乡村""可以指位于乡下的聚落,也可以指非城市的广大区域"[3]。《中国大百科全书》把"乡村"定义为"居民以农业为经济活动基本内容的一类聚落的总称"[4]英国学者约翰斯顿在《人文地理学词典》把乡村定义为:"乡村

---

[1] 夏征农,陈至立主编.《辞海》典藏本[Z].6版.上海:上海辞书出版社,2011:355.
[2] 费孝通.乡土中国[M].上海世纪出版集团,2005:16.
[3] 金其铭.农村聚落地理学[M].北京:科学技术出版社,1988.
[4] 中国大百科全书编辑委员会.中国大百科全书第十八卷[Z].北京:中国大百科全书出版社,2008:755.

是指具有大面积的农业或林业土地利用;其建筑物与周围的广阔的景观有强烈的依存关系,乡村也被认为产生了一种基于对环境的尊敬和作为广阔景观的一部分的为特征的生活方式。"[1]台湾学者郭肇立认为村落具有"共同体"的特征,"这群人建立的活动交往关系;此生活的共同体所具备的实质空间;实质空间与生态的环境的平衡;整体价值观和文化上的意义"[2]。

中国传统村落,原名古村落,是指民国以前所建的村。2012年9月,经传统村落保护和发展专家委员会第一次会议决定,将习惯称谓"古村落"改为"传统村落"。传统村落形成历史悠久,传统资源丰富,是在历史、文化、科学、艺术、社会、经济等方面具有一定价值的村落。传统村落中蕴藏着丰富的历史信息和文化景观,是中国农耕文明留下的最大遗产,其兼有物质文化遗产与非物质文化遗产特性,是长久以来在生产生活中动态演变并活态传承的独特整体,具有十分重要的价值。

自古以来,中原地区就是中国社会的典型代表,中原社会就是中国社会的缩影。河南传统村落具有范围广、面积大、种类多样等特征。因此,对河南传统村落进行研究意义重大。

二、研究背景

2011年,中央四部委在征求了专家学者的意见后,明确提出:"传统村落是指村落形成较早,拥有较丰富的传统资源,具有一定历史、文化、艺术、社会、经济价值,应予以保护的村落。"

2012年12月31日,下发中央1号文件《中共中央 国务院关于加快发展现代农业进一步增强农村发展活力的若干意见》:"制定专门规划,启动专项工程,加大力度保护有历史文化价值和民族、地域元素的传统村落和民居。"传统村落第一次出现在党和国家的重要文件之中。

2012年10月,在第一批中国传统村落评审会上,专家们达成共识,认为传统村落的评定主要从"从聚落、建筑和非遗这三个因素来考量;聚落指村落选址(连周围环境)、布局,建筑指现存传统建筑,包括历史较长的和历史不长但以传统技术建造的"[3]。

自2012年12月起到2019年6月21日,住房和城乡建设部公布了第五批列入中国传统村落名录的村落名单,涵盖了全国所有省272个地级市和43个民族。到目前为止,中国传统村落总数量已达6819个,其中河南省国家级传统村落有204个,河南省省级传

---

[1] R.J.约翰斯顿.人文地理学词典[Z].柴彦威译.北京:商务印书馆,2004:622.
[2] 郭肇立.传统聚落空间研究方法[A]//郭肇立.聚落与社会.台北:田园城市文化事业有限公司,1998:8.
[3] 罗德胤.中国传统村落谱系建立刍议[J].世界建筑,2014(6):104.

统村落有 807 个。

2020 年,第六批河南省传统村落调查认定工作已正式启动。为深入推进河南省传统村落的保护和发展,提升传统村落的可持续发展,河南省住房和城乡建设厅等五部门在 2020 年联合印发了《河南省传统村落保护发展三年行动实施方案(2020—2022 年)》,为完善和建立可持续的传统村落保护管理机制提供了制度保障。

三、相关文献和综述

(1)传统村落研究综述

20 世纪以来,国内对村落的研究涉及地理学、人类学、历史学、民族学、社会学、政治学等不同学科,各学科从不同的研究方法和研究侧重点拓展了村落研究的领域。研究方法虽然呈现出定量与定性相结合的趋势,但多是对研究对象进行各种视角的静态分析,侧重在对数据进行量化分析的基础上进行定性研究。定性研究主要有归纳和演绎、文献研究、比较研究、SWOT 分析以及抽象与概括,并由此构建评估研究框架和指标体系、制定发展对策和措施等。定量研究主要有生命周期评价法以及基于问卷调查的数据分析。

国内村落研究内容主要包括村落的起源演变与发展规律、村落形态与村落景观、风俗信仰与商业活动以及村落社会结构等。目前对传统村落的研究多集中在传统村落空间格局与建筑形态上,以及文化传承、传统村落的保护、传统村落的旅游开发等几个方面。

涉及空间格局与建筑形态的研究方面。彭一刚(1994)根据地形地貌,将村落分为"平地村镇、水乡村镇、山地村镇、背山临水村镇、背山临田畴村镇、散点局部村镇、渔村和窑洞村镇"等类型。刘沛林(1997)研究指出中国传统村落的空间形态具有"相似性和复合性",按照空间形态来分,其组合模式可以分为:围合空间形态模式(有河道成网络状、平面形态呈团状的团形镇),中心空间形态模式(以多条河道为轴发展、平面形态呈多触角式向外伸展的星形镇)和线型空间形态模式(以一条明显的主河道为主轴、平面形态呈一线的带形镇)。樊宸希、马明(2020)以内蒙古中西部地区农牧交错带范围内的 8 个传统村落为研究对象,对其边界形态进行科学量化研究,得出内蒙古农牧交错带中西部传统村落的边界形态类型呈现出团状倾向的指状、无明确倾向的指状、带状倾向的指状、带状倾向的团状以及带状五种形态。王金平、左敬(2020)利用 GIS 软件分析了山西传统村落在黄河、长城、太行三大板块中的分布特征,研究指出黄河板块传统聚落中人们的生活方式、风俗习惯、审美情怀、宗教信仰等都与黄河文化一脉相承,关联区整体上呈现出"一大一小团、一带两散点"的态势。长城片区传统聚落的形成与明朝"九边十一镇"的边防防御体系密切相关,在太行板块传统村落分布呈现出"一大两小团、一带两散点"的态势。程晋南等(2020)对山东省 125 个国家级传统村落的空间格局及地理分异特征进行了系统分析。研究得出山东省传统村落呈集聚型分布,空间分布不均衡,主要集中于"中南—

东北"方向椭圆形区域内,呈明显"双核"分布特征;山东省传统村落自然地理分异特征明显。传统村落集中分布在山前/山间平原、丘陵和低山三种地形上,村落数量与高程、坡度呈负相关。传统村落整体距离水域较远,对水源的依赖性不高;山东省传统村落人文地理分异特征明显。许多学者对徽州传统村落的形成演变和空间形态布局进行了研究,得出其受到自然环境、宗族礼制、风水堪舆的制约,也受到徽商经济、生活方式、理学文化等方面的影响(李诗敖,2020)。储金龙等(2018)通过对徽州传统村落历史发展演进的分析,通过探讨其类型格局演化和空间分布特征,总结得出徽州传统村落发展具有明显的时间性与空间性,且在多因素的主导下村落类型也发生相应的转换。赵冶、黄思源和谢小英(2020)梳理了国里屯传统聚落的地理区位、形态和公共空间的组成和特点,从空间角度勾勒出当地苗族传统聚落的整体图景,随后选取国里屯典型的苗族传统干栏民居进行剖析,分析具有当地苗族特色的建筑的平面、构架、屋面等,获取其形态特点。李孜沫(2020)分析了赣江流域古村落的时空演化,结果显示赣江流域拥有形成于历史时期的古村落168个,其中经济社会繁荣、人口大量迁入的唐、宋、明三代是古村落发展的"黄金期"。赣江流域古村落的分布具有"集聚性""低地性"和"亲水性"。赣江流域古村落的空间分布反映出赣江流域"一路向南"的区域发展进程。张星、何依(2020)以宁波市滨海地区城边型传统村落为例,从其演化过程出发,揭示其形成与发展的动因与机制,并将村落自身生长与当下城市发展的推动投射到空间形态中,提炼出"半城半村"空间特征。

涉及文化传承的研究方面。作为传统村落中的重要板块,是为其他形式的非物质文化遗产提供生存、发展、传承的土壤,无论是物质维度还是精神维度都是作为展示传统村落的生命力所在,引起了城乡规划、遗产保护、风景园林、社会经济、人文、人类学、民族研究等不同学科背景专家、学者的关注,并经过不懈的探索,获得了较多研究成果。归纳起来,主要集中在四个方面:一是传统村落文化空间的价值内涵研究;二是传统村落文化空间的基本特性研究;三是文化空间保护的方法研究;四是文化空间发展利用的方式研究(余压芳、庞梦来、张桦,2019)。鲁可荣和程川(2016)以浙江三村为例,探讨了传统村落公共空间变迁与乡村文化传承,认为乡村文化也经历了从乡村宗族文化向乡村政治文化再到乡村公共文化的演变。耿向东(2018)以珠海南门村历史文化调查为例,传统村落文化的核心特征是由家国情怀逐渐演化为更具时代性、包容性的爱国意识与民族精神,需要注重家风、村风以及家史、村史的挖掘与展现。汪瑞霞(2019)以中国江南传统村落为例,对其文化生态与价值进行了研究,认为中国传统村落文化生态系统中环境生态、空间生态、市镇生态、人文生态诸要素构成了相互作用的整体关系。王宝强、宦小艳和李萍萍(2020)以世界文化遗产花山景区内濑江屯为例,深入挖掘其非物质文化遗产的要素及价值,解析非物质文化与物质空间之间的关系,提出运用空间再生的策略传承和活化传统村落的非物质文化,包括以整体格局保护呈现非物质文化记忆、以线性景观规划组织非物质文化载体、以空间植入激活非物质文化的活力。曹如姬、张婉仪(2020)以垣曲县同善村为例,认为传统村落文化营造需要场所精神与公共空间紧密结合,要注重挖掘具有特色的文化。张坤(2020)以保定南腰山古村为例,研究认为文化保护需要落到实处,要和当地形成有机地融合。

涉及传统村落的保护研究方面。田慧(2020)对福建省传统村落保护进行了研究。其指出,总体来说,福建传统村落保存较好。但也存在一些问题:一是田野调查资料不足;二是福建古村落旅游未形成规模;三是保护经费不足;四是唯GDP是求的考核机制严重影响了对传统村落的保护;五是在传统村落的保护和发展中,村民的参与性不高。李祥(2014)从居民的角度指出,在徽州传统村落的保护与利用中,居民参与程度低、保护意识弱以及规划人员忽视居民的现况,提出村委会应积极沟通组织村民全程参与,共同改善村落生活环境,从而实现村落的可持续发展。汪婷(2016)以"公地视角"对徽州传统村落中存在的问题进行探讨,针对现代生活方式和资源利用方式与传统村落间的矛盾,提出从生态环境、人文景观以及人口与社会三个方面对公共资源进行系统的管理和保护,从而实现徽州传统村落的可持续发展。何小红(2016)研究发现就贵州省大多数的传统村落保护的现状而言,由于投入不足、管理不到位、无针对性的管理保护模式等诸方面原因,一些传统村落正日渐消亡,加强其保护力度迫在眉睫,需要正确处理好经济发展同保护之间的矛盾。吴平(2020)以贵州省黔东南州为例,研究了传统村落保护不力的原因以及提出需要多方位多角度统筹改善的方略。周静帆(2020)对云南普洱市城子三寨村傣族传统村落进行研究发现,需要从保护自然环境、保护传统风貌、保护传统建筑、保护历史环境要素四个方面进行古村落保护。廖金荣、朱江晨、李婉莹(2020)以江西分宜防里"进士村"为例,针对防里村落文化的保护现状,围绕对"活态传承"的理解,提出构建以"人"为核心的保护体系;运用准生态博物馆的理念,探索村落文化"活态式"的博物馆保护传承;群体性的活态传承,即保护的主体不局限于村民,应该将更多的人群纳入进去。

涉及传统村落旅游开发研究的方面。研究内容主要集中在传统村落价值评价,旅游开发与资源保护。传统村落价值评价多集中于综合价值、经济价值,尤其是旅游开发价值、景观价值等方面。根据景观生态学的基本原理,杨桂华(2003)将民族村寨的价值分为旅游价值、经济价值、社会和生态价值。李文兵和张宏梅(2010)从旅游者感知出发,将古村落价值分为功能价值、社会价值、情感价值和认知价值。葛雯等(2014)通过生活体系类资源、农耕渔猎类资源和建筑技艺类资源,对苏州陆巷杨湾村的核心价值进行了分析,并运用价值链理论,指导村落集群传统农业、古建文化、民俗文化、生活体系四类核心资源的开发利用,以延伸旅游产品的价值链。胡燕等(2014)研究指出要从村落传统建筑、村落选址和格局以及村落承载的非物质文化遗产三大评价指标,对传统村落的价值进行评估。何艳冰、张彤和熊冬梅(2020)从物质文化和非物质文化两方面构建传统村落文化价值评价指标体系,以传统村落分布较为集中、类型较为丰富的河南省焦作市为研究区域,运用组合赋权法及模糊综合评价法对18个传统村落文化价值进行了评价。朱祎珍(2020)以福建三明岩前忠山村村落景观为调查对象,基于调查资料分析及忠山村的资源特点,筛选传统村落景观资源评价因子,构建传统村落"自然景观"与"人文景观"评价体系,对忠山村村落空间景观进行了综合评价。

吴文智(2002)通过"P—E"状况分析矩阵,将古村落旅游开发与保护的状况分为开发区、理想区、危险区和保护区四区。刘沛林等(2009)提出从景观基因的"点—线—网—面—体"五个方面进行综合考虑传统聚落的保护与开发,从而保证聚落景观基因的完整性。车震宇等(2010)研究指出传统村落的主要游览区域范围不会因为旅游者的增加而扩大,并提出三点传统村落的开发建议即减少无序无用开发、挖掘主要游览区价值、保持非主要游览区氛围。李东和和孟影(2012)以黄山市徽州古民居为研究对象,提出了原址保护观光利用、原址保护功能转换利用、异地搬迁观光利用、异地搬迁整合利用四种古民居旅游开发模式。杨定海(2014)提出将入选历史文化名镇(村)名录的村落,依据保护条例进行保护与更新、设立民族村寨生态博物馆、建设特色风情镇(村)、建设文明生态村四种传统聚落保护与更新途径。李斌(2014)提出传统村落发展应重视人文保护、建立承包商管制制度、严格管理现代化设施、融合多种经济发展模式的措施。许建和等(2020)采用特征类型分析法综合提出湖南省传统村落的3种保护模式:产业展示、区域聚合与遗产保护。时少华、裴小雨(2020)指出要把传统要素与现代功能有机结合,在旅游动态发展中活态保护利用传统村落。应从旅游与文化创意产业的产业融合、旅游与传统村落建筑遗产活化保护利用中的融合、旅游与民间文化和技艺传承的实践融合、旅游与社区参与的理念融合等四个方面,推进传统村落活态保护利用与旅游融合发展理论,促进传统村落文化遗产保护传承与乡村文化振兴。

(2)河南传统村落研究综述

截至2020年12月,中国知网(www.cnki.net)以"河南""村落或聚落"为关键词,在基础科学、工程科技、哲学与人文科学、社会科学文献中进行检索,共有相关研究61篇。其中,涉及河南传统村落及古村落主题的直接文献有26篇,另外涉及村落景观、活态保护、景观格局、空间形态、聚落遗址、空间集聚、聚落分布、景观因子、聚落群、空间演进、形态分化、仰韶文化、南洼遗址、三杨庄汉代聚落遗址、马岭遗址、窑洞村落、地坑院等主题,关涉的地方或区域有淮阳、淅川、巩义、洛阳、云台山、修武县、新县、何家冲、林州、太行山丘陵地区等。相关论文发表时间在2000年之后,在2016年至2019年期间呈快速增长趋势。总的看来,对河南传统村落研究的成果数量较少,研究内容大部分局限在某个关注点,以资料搜集整理和特征描述为主,缺少对河南传统村落系统的体系化研究。

①传统村落的历史演进研究。在这些研究中,有一部分学者对河南传统村落的演进机制和形态做了梳理,如梁鑫、张沛(2020)发表在《城乡规划》上的《网络社会视角下的

乡村聚落空间演进机制及形态分化》一文,对网络语境下乡村聚落内部空间的分析做了系统分析①;李春青(2001)所著《郑洛地区新石器时代聚落的演变》,对郑洛地区聚落形态的历史演变进行了研究②。

②民居建筑研究。民居是传统村落的重要组成部分,目前有学者对河南民居的建筑形制、院落空间、建筑色彩、装饰细部等方面做了较为深入的分析和研究。左满常、白宪臣所著《河南民居》(2007年)是系统介绍河南民居集大成的一本著作。郑东军(2008)的博士论文《中原文化与河南地域建筑研究》,以中原文化为切入点,对河南地域建筑的生成历史和形成机制做了系统梳理。郭瑞民(2011)的《豫南民居》,重点分析了河南信阳的民居及其村落选址、格局特点等。尹亮(2011)的硕士论文《河南乡土建筑类型及区划研究》对河南乡土建筑进行了区域上的分类。杨鸿勋(1975)的《仰韶文化居住建筑发展问题的探讨》对仰韶文化时期民居类型进行了探讨。

③村落空间分布研究。学者田银生、吴晨(2002)认为地域分区是人居环境研究的首要工作:我们可以分级别地划分出不同的区域,即分出若干个区,在区下面又分若干亚区、副区等,将城市归类其中,用这种方法科学而细致地在空间上对中国传统城市做出类型划分,然后分别加以研究。③ 李小建、许家伟、海贝贝(2015)发表在《地理学报》上的《县域聚落分布格局演变分析——基于1929—2013年河南巩义的实证研究》一文,用量化分析方法,对河南巩义近百年来县域聚落分布格局的演变做了分析,并指出巩义核心聚落由"沿河平原线状"格局主导逐渐向"平湖—丘陵片状"格局转变。④ 黄盼盼、吕红医(2014)发表于《华中建筑》的《商丘地区传统民居考察分析》和张萍、吕红医(2014)发表于《华中建筑》的《豫北山地民居形态考察》从区域划分角度对村落民居进行了探究。

④村落类型研究。寨堡式村落和窑洞村落是河南传统村落的典型形态。在顾建娣(2004)的《咸同年间河南的圩寨》、郑东军和张玉坤(2005)的《河南地区传统聚落与堡寨建筑》、李炎(2005)的硕士论文《河南传统堡寨式聚落初探》中对河南寨堡式村落进行了较为全面的分析与研究。刘静(2008)的硕士论文《豫西窑洞民居研究》,张继珍(2010)的硕士论文《类型学在豫西乡村聚落更新与发展中的应用研究》,赵恩彪(2010)的硕士论文《原生态视野下的豫西窑洞传统民居研究》对豫西地坑院构成原因、存在形态,及在传统村落构成中的影响做了研究。吕红医、尹亮(2010)发表于《华中建筑》的《豫西地区窑

---

① 梁鑫,张沛.网络社会视角下的乡村聚落空间演进机制及形态分化[J].城乡规划,2020(2):23-31.
② 李春青.郑洛地区新石器时代聚落的演变[M].北京:北京大学出版社,2001.
③ 田银生,吴晨.中国传统城市的"人居环境"思想与建设实践[J].城市规划,2002,26(7):19-22.
④ 李小建,许家伟,海贝贝.县域聚落分布格局演变分析——基于1929—2013年河南巩义的实证研究[J].地理学报,2015,70(12):1870-1883.

洞民居的人文地理区划及形态特征探微》对豫西窑洞民居的形态特征做了分析。

⑤个案研究。郑东军和吕军辉(2006)的《中原第一红石古寨——临沣寨探微》,刘书芳(2008)的《中国历史文化名村——临沣寨》,范晓琳、苗琨和吕锐(2011)的《古村落保护与发展对策研究——以河南郏县临沣寨为例》,郭汝(2010)的《河南省郏县临沣寨乡土建筑保护研究》对河南传统村落的典型——位于河南省平顶山市郏县堂街镇境内临沣寨的历史形成、保护开发等方面了做了分析。保留大量明清古民居的方顶村位于郑州市上街区,李晓丹(2013)等人的《方顶村乡土建筑保护管理探析》对方顶村的建筑保护做了初步探析。吕红医(2004)的博士论文《中国村落形态的可持续性模式及实验性规划研究》以河南省下伏头村为例,探讨了传统村落的可持续发展模式。寨卜昌村位于河南省焦作市山阳区苏家作乡,是一座具有军事防御体系、功能齐全、布局完整的村寨。左满常(2004)的《古韵流香的古村落寨卜昌》,李权威(2014)的《博爱县寨卜昌古村落人居环境建设传承与发展途径研究》,刘晓峰(2011)的《寨卜昌古村落建筑装饰的考察》等对寨卜昌村的历史渊源、历史传承与开发路径做了研究。王云娜(2011)发表于《河南城建学院学报》的《可持续发展视角下的历史文化名村保护——以河南省郏县堂街镇临沣寨为例》从历史文化名村的可持续发展视角对临沣寨做了分析。张萍、吕红医(2012)发表于《华中建筑》的《生态学视野下的豫北山地民居景观分析——以河南省林县石板岩民居为例》从民居景观角度探析了林县的石板岩民居。张运兴(2012)发表于《安徽农业科学》的《河南云台山村落旅游资源整合研究》从旅游分类开发角度探析了云台山传统村落的资源整合。郑东军、曲天漪(2013)发表于《南方建筑》的《河南商水叶氏庄园保护规划与复建设计探研》重点分析了商水叶氏庄园的保护规划。

从研究的学科划分来看,关于河南传统村落的研究,主要集中在地理学领域、建筑学领域、旅游研究、文化学研究,以及历史文化遗产的保护与传承研究等方面。从传统村落的研究内容来看,主要集中在传统村落的历史演进、传统村落的文化传承、传统村落的空间分析、传统村落的建筑类型、传统村落的保护与可持续发展等方面。

河南是华夏文明的发源地,是中华文明传承的核心极,是中华农耕文明的典型代表。近代以来,在现代社会发展的历史进程中,中原地区传统文化遗存,尤其是传统村落遭受了人为与自然的多重破坏。从某种意义上来看,近代以来的历史就是一部乡村破坏史。梁漱溟认为,中国近百年史是一部乡村破坏史。帝国主义的侵略,直接或间接地都在破坏乡村,然而中国人的所作所为,一切维新革命自救,也无非是破坏乡村。政治属性的破坏力如兵患匪乱、苛捐杂税,经济属性的破坏力如外来经济侵略,文化属性的破坏力如制度、思想的改变而带来的种种破坏,三者相互连环的辗转,加剧了乡村破坏。① 河南具有相对宽阔平整的地质特征,在经历战争、自然灾害、城市化进程等历史演进后,河南的历

---

① 梁漱溟.乡村建设理论[M].上海:上海人民出版社,2011.

史遗存所剩寥寥,严重破坏了河南的历史文化基底。传统村落是恢复、重塑河南历史文化的重要切入点,因此,河南传统村落的保护开发意义重大。如何重塑传统村落的原真历史风貌？如何使传统村落的保护开发延续地域文脉？这既关系到文化的传承,也牵涉到"记忆的修复"。因此,传统村落的保护、修复与开发是一项既具挑战性又具前瞻性的工作。

第二篇 河南典型传统村落

第一章 豫东地区

一、商丘市睢阳区李口镇清河口村刘旬庄村

1. 村落概况

刘旬庄村是河南省商丘市睢阳区李口镇清河口村下辖的自然村,刘旬庄村村域面积约1.1平方公里,地处平原地区,坐落在古宋河和大沙河交汇处,两河在刘旬庄村外汇流,两河相遇,似双龙戏珠,体现古人"择水而居"的选址理念。隶属李口镇清河口村,属暖温带半湿润大陆性季风气候,主要特点是春季温暖,大风多;夏季炎热,雨水集中;秋季凉爽,日照时间长;冬季寒冷,少雨雪。年平均气温在13.9~14.3℃之间,年变幅28℃左右,平原地貌。植被属于温带阔叶林,土质为黏土和沙土,碱性。作物大部分为一年两熟、两年三熟,主要以小麦为主,玉米、高粱为主要的杂粮,经济作物有油料、棉花等。主要灾害是干旱和洪涝。刘旬庄村宗族包括李氏、陈氏、贾氏等,共1900多人。主要产业是生态旅游,村民人均年纯收入9832元,经济状况良好,生活富裕。

2. 历史沿革

刘旬庄村形成自汉代形成后,从未迁徙过。相传西汉第十位皇帝刘病已曾在刘旬庄村出生、成长,体验民间疾苦,了解吏治得失。刘病已登基后励精图治,选贤任能,为感谢这片土地,特更名刘询。历代均为自然村。

3. 村域环境

古村位于古宋河和大沙河交汇处,道路四通八达,以水路、桥梁为主,配合渡口,构成古村的交通网。因依水而居,水渔资源丰富,村民日出而作,日落而息,乘船捕鱼,与千年前生活方式毫无二致。

4. 传统村落选址与格局

刘旬庄村格局完整,分区明确,路网清晰,以类型化的公共节点和重要建筑元素来串联村落内部空间,如门楼、祠堂、民居、池塘、桥梁、水井、古道、小巷、场院、围墙、古树等,

是中国式的田园生活写照。

5. 传统建筑

刘旬庄村有古建筑李氏追远祠、明清四合院遗址、古树、遗迹十余处,以及千年古槐、地主大院、古房遗迹等。李氏追远祠,建于大明隆庆元年(1567年),与建于大明正德六年(1511年)的商丘古城,年龄相仿,是不可多得的古建筑实物。

图1-1 李氏追远祠局部1

图1-2 李氏追远祠局部2

图1-3 李氏追远祠局部3

二、周口市商水县邓城镇邓东村

1. 村落概况

地理环境：邓东村地处黄淮平原黄河冲积扇南缘，地势低平，无高山丘陵，自然坡降为1/7000至1/8000，土质为沙土、两合土、黏土，土壤肥力上乘，适宜小麦、玉米、花生、棉花等农作物的生长。

地理位置：邓东村是邓城镇镇政府所在地，又名邓城村，位于商水县城西北16公里处，北、东部紧靠沙颍河，隔沙河与西华县相望，西与古刹真龙寺毗邻。

行政管属：隶属周口市商水县邓城镇。

自然条件：邓东村地处温带南部，属亚热带向温带过渡地带，为半湿润季风气候。四季分明，冷热季和干湿季区分明显。春季多风少雨，夏季炎热，降水集中，秋季旱涝不均，冬季既干又冷。

村落面积：村落占地面积1809亩。

村落布局：邓东村北侧、东侧紧邻沙河，依水而建，不断向南扩展，村内有南北向交通主干道，将村子分为邓东、邓西两个部分，两个部分各有一个大水池，是原来护城河的位置，整个村落错落有序，整齐划一，交通便捷。

村落宗族：邓东村的主要姓氏有叶、李、黄、赵等。

村落分布：叶家主要居住在村落北部，李、赵等姓主要分布在老村的东、西两侧。

村落产业：邓东村的主要产业为种植业、养殖业。其中农业种植以小麦为主，兼种辣椒、花生等作物；同时村内还有一定规模的水果园，主要种植葡萄、石榴、梨等作物；养殖业主要以饲养生猪为主，因为当地特色猪蹄闻名全国，所以猪蹄需求量巨大，当地也有相当规模的生猪养殖基地。

经济状况:村民经济状况相对较好。

2. 历史沿革

三国时期,魏国大将邓艾在此屯田,兴修水利,农业生产大有发展。邓城也因邓艾入蜀前屯兵于此而得名。后经历唐末五代十国的动荡,大量人口迁居至此。明末清初又有大批人士从山西洪洞大槐树下迁徙至此,形成了今天的人口格局。

最初建村依靠北面的沙河修建寨河、寨墙而形成村落,在修建的过程中,城墙范围不断扩大,护城河也一度挖掘得又宽又深,为村子的和平稳定奠定了坚实的基础。

邓城镇历史悠久。晋朝时期属汝阳。隋炀帝大业初年(605年)废汝阳县为溵水县。唐朝时期沿隋制,属溵水。治所在今张庄乡城上村。宋朝时期,宋太祖赵匡胤建隆元年(960年),为避其父赵弘殷"殷"的讳,改溵水为商水县,邓城隶属商水。康熙初,邓城为商水县31地方之一。民国7年(1918年),邓城为商水北区7地方之一。民国17年(1928年)秋,商水县由原五区36地方改划为6个区,区下为联保处。民国30年(1941年),撤销区制改为甲保制,全县划为五乡两镇,邓城为清平乡。民国33年(1944年),日本军占领邓城,成立维持会,建立伪乡公所。民国36年(1947年)年底,建立郾商西县民主政府。1949年2月,郾商西县并入商水县。4月,全县重新调划为10个区,邓城为6区,辖16个乡。1957年,邓城基点划邓城、杨河两个大乡。1958年8月,商水县建立乡社合一的人民公社,邓城基点改为邓城农村人民公社。1963年10月,成立邓城人民公社革命委员会,生产大队管委会改为大队革命委员会。1981年5月,改邓城人民公社委员会为邓城人民公社管理委员会。1983年年初,公社体制改革,4月改邓城人民公社管理委员会为邓城乡人民政府,下辖村民委员会(以下简称村委会)。生产大队委员会改为村委会。1988年4月,省政府豫政〔1988〕65号文件批复:同意商水县撤销邓城乡,设立邓城镇,实行镇管村体制,原辖行政区域不变。

3. 村域环境

(1)自然环境

邓东村北、东部紧靠沙颍河,隔沙河与西华县相望,西与古刹真龙寺毗邻。

(2)风景名胜

村周边有许多历史悠久、风景秀丽的名胜之地,主要位于沙河附近,如叶氏庄园、沙河码头等名胜,大多已列入地方文物保护单位,今天仍继续绽放它们的光彩和价值。

(3)文物古迹

邓城镇历史悠久,境内古迹较多,著名的有饮马台、汉代白果树、叶氏庄园等。汉代的白果(银杏)树至今已有千年历史,这棵千年古树外形奇特,苍劲挺拔,颇有王者之风。树干中部有一道细腰,东面突出地面的树根上有几个碗口大的马蹄印,树身的西南部有一只逼真的靴子印。这几处痕迹都和东汉开国皇帝光武帝刘秀有着紧密的联系,相传发生在当年王莽追讨刘秀的过程中。而今此白果(银杏)树保存完好,枝繁叶茂,前来瞻仰祈福的人络绎不绝。

4. 传统村落选址与格局

邓城镇背靠沙河,原始生态保存良好。空气质量好,没有污染源。北面靠河而建,修建寨墙护城河,有效地抵御了土匪外敌的入侵。

以国家级文保单位叶氏庄园为核心,五百余年间形成的井字形古镇路网、环城水系保存依旧,中原水镇环境宜人、格局完好。

5. 传统建筑——叶氏庄园

叶氏庄园位于因三国大将邓艾屯兵而得名的古镇邓城,距商水县城和周口市区均16公里。依靠水运而发家成为当地巨富的叶氏,从清康熙年间始,历时半个多世纪,耗银百余万两,完成了占地20000平方米,以三个大院为主的宏伟的叶氏庄园建筑群。宅西100间群楼,又名转厢楼,系叶氏当铺院;宅南100间群楼,系叶氏粮库。总共有楼房400多间,均系灰色砖瓦硬山式建筑,占地100亩。整个庄园建筑宏伟,规模壮观,实有"五步一楼,十步一阁"之感。

建筑选材精良,做工精细,飞檐斗拱,珍兽镇脊,砖木雕刻,堪称一绝,是中原腹地清代民居建筑装饰艺术宝库中的珍品,是我国目前保存最为完整、建筑规模最大的清代民间庄园之一。主宅三院仅存一院,至今完好,共有瓦房17间,楼房70间。1986年河南省人民政府公布其为省级重点文物保护单位。2006年批准成立商水县叶氏庄园民俗博物馆。2013年5月,叶氏庄园被国务院核定为第七批全国重点文物保护单位。

图1-4 叶氏庄园大殿正立面

图1-5　叶氏庄园东厢房内立面

图1-6　叶氏庄园正房门窗

图1-7　叶氏庄园西厢房内立面

图1-8 叶氏庄园堂屋背立面

图1-9 叶氏庄园门楼

6. 村落人居环境

邓东村内的叶氏庄园东邻汉代白果（银杏）树和刘秀饮马台，西有宋寿圣寺塔，南望千年古刹宋庙。距南洛高速和漯阜铁路都不超过10公里，与穿镇而过的县级油路相连；背靠省内唯一一条内陆复航河流沙河，乘船可达南京、杭州，并可直抵上海。文化产业链丰富，水运交通发达。

第二章 豫西地区

一、洛阳市孟津县小浪底镇刘庄村乔庄村

1. 村落概况

乔庄村位于河南省洛阳市孟津县小浪底镇，是刘庄行政村的一个自然村，紧邻黄河小浪底水利枢纽工程。占地3平方公里的乔庄内，散落着80多座风貌古朴的清代中后期建筑。刘庄村历史悠久，源远流长，在元末明初，乔姓人家由山西洪洞县迁徙于此，历经600余年的沧桑，蕴藏着丰富的自然景观和人文景观，这里梯田层层，山川吐翠，民风淳朴，是邙山深处的古老村落。现保存完整的乔庄自然村，全村村域面积1.5平方公里，村庄占地面积300亩，散落分布着大小院落80余户，大部分保存完好，其中以乔氏家庙、窑院天地、村寨遗址最具代表。

2. 历史沿革

乔庄本不叫此名，是乔家搬迁至此后才成名的。乔家祖籍山西，明朝初年，迁居洛阳铜驼巷，随后其分支又迁往多处。当时，迁往孟津会盟一带的乔允升，为乔庄乔姓人的七世祖，曾官至刑部尚书。至清代乾隆年间，乔氏一支才把家搬到乔庄。乔庄人世代以耕读为生，勤俭治家使家族不断兴盛。随着几代人的繁衍生息，清末民初时，乔庄已有几百口人。此外，乔庄人世代热衷医道，几百年来，这里成长起多位中医名家，因此乔庄还被周围百姓称为"大夫窝"。

3. 重要历史人物

乔连升（1918—1984），无产阶级革命家，1938年投身革命，先后在抗大总校、华北大学、中国马列主义学院、解放军第六高级步兵学校任职。1979年任国务院宗教事务管理局局长、党组书记等职。

乔清华（1885—1954），邙山著名老中医，主攻中医内科疑难杂症。

泥木铁匠"三秀才"：乔庄村干手艺活的人多，有泥、木、铁、锡、炮、石、皮七匠，其中

泥、木、铁匠最为出名。代表人物为：泥水匠——乔跃、木匠——乔拴牢、铁匠——乔寿俊。

4. 重要历史事件

1944年春，洛阳沦陷，十余名土匪兵闯入乔庄，祸害群众。村里的乔清选与其周旋，并暗地通知村民，一时村前村后，鸟枪轰鸣，喊声四起，匪兵吓得纷纷丢下步枪、手枪，慌忙逃窜。"你不抗日老子抗，你要逃跑留下枪。"这就是乔庄村鸟枪换炮的一段往事。

5. 村域环境分析描述

乔庄村一带属基岩丘陵区，此区切割强烈，冲沟多且发育，深度100～250米，地形起伏大。丘陵上部呈深圆状，多为第四纪的中更新统与上更新统风积相黄土覆盖。中部以下二迭系岩石裸露，由紫红色砂质泥岩、紫红色、灰白色、黄白色厚层中粗粒长石、石英砂岩、灰质砾岩、砂页岩等组成，其岩性均为沉积岩。冲沟呈树枝状或羽毛状。上游纵剖面较陡，横剖面呈"V"形。下游纵剖面稍平缓，横剖面呈"U"形。

乔庄村属暖温带大陆性气候，年平均气温11.3 ℃。一年中七月最热，平均气温26.2 ℃；一月最冷，平均气温-9 ℃。常年降水量670毫米，夏秋雨量较多；冬季气候干燥，雨雪较少。

乔庄村处于亚热带与暖温带之间的过渡地带，沟壑纵横，林木茂盛，河岭交织，坡滩兼容，因此生物种类全，数量大，呈多样化分布。树木以桐、槐、杨、椿、榆、楝为主。

在古代，为了防止兵灾战乱，曾在乔庄村山岭上筑一山寨，居高临下，易守难攻，与官庄、栾庄、庙护、寺院坡等村寨遥遥相望，巍峨壮观。寨墙削壁成墙，上筑墙垛，犬牙交错，中设鸟枪土炮枪眼。寨中筑有多孔窑洞，寨门为砖拱式，并设木制大门。每遇兵荒马乱，村里老少入寨，寨门紧闭。如有来犯，则鸟枪四射，土炮轰鸣，坚若城堡，为村人提供了暂时的庇护之地。日月轮转，沧海桑田，在历史的长河中，当年的村寨已成为遗址。

6. 选址与格局描述

乔庄村房屋大部分为四合院式，选址向阳，坐北向南，靠山而居。乔庄村各户大多修建有一至两孔窑洞作为住宅的主体建筑居住，其构建形式有土窑、砖拱、石拱多样。旧时乔家分东、西两个大院，每个大院由多个小宅院组成。为便于管理和防止匪盗入侵，各个小宅院又有独立大门。现仅剩东边寨门。

乔庄村共有住宅200余户，其中古民居80余户，基本坐北面南，靠山而建，并依托山体开挖窑洞。由于原来的家庭基本为大户，形成了"一门多户"的居住形式。民居房屋建筑材料多种多样，基本以砖石结构、石木结构、土木结构为主。冬暖夏凉、春秋相宜。居民在选地筑窑之时，多请"风水"先生，对住宅选址的规划布局、房屋朝向、道路走向、用水来源、通风采光等居住条件进行定位和谋划，取阴阳调和，保居家平安。窑式建筑被称为土生建筑，形成了中国古典建筑的两大源头之一，具有节地、节能、环保、绿色的功能，和当今社会提倡的生态旅游不谋而合。在这里小憩,能为人们寻觅幽静与解脱,摆脱喧闹。

7. 传统建筑——乔氏家庙

乔氏家庙是村内一座古式民俗祠堂建筑。坐北向南,依山就势,选址向阳,庄重典雅,四合院式,建筑面积 120 平方米。门前有高大平台,红石砌筑,庙门前有三间前厅,中间高两端低,高低错落,屋顶青瓦覆盖,上宿吻兽。门口设石狮一对,门额上部悬挂"乔氏家庙"金匾。在前厅内,两侧墙壁上均镶嵌有碑刻,碑刻上方悬挂牌匾。其中,乔氏重修家庙,碑有两通,分别制于道光二十三年(1843 年)和民国六年(1917 年),其上记载着乔氏家族史和两次重修祠堂的经过。碑刻上方的两块匾额,一块上书"家声丕振",另一块上书"节孝慈惠",两块牌匾均写于民国时期。祠堂院中东西两侧为厢房,保存较好。院子最里的土崖下有一孔砖拱窑洞,窑洞门上方镶嵌着"福禄寿"字样的砖雕。窑洞是祠堂里最重要的地方,是旧时乔家人祭拜祖宗的场所。

图 2-1 乔氏家庙

图 2-2 乔氏家庙门楼

二、洛阳市孟津县常袋镇石碑凹村

1. 村落概况

石碑凹行政村隶属于河南省洛阳市孟津县常袋镇,位于常袋镇东南部 4 公里处,东邻朝阳镇卫坡村,西邻赵凹村、小崔沟村,南邻洛阳市老城区邙山镇沟上村,北邻朝阳镇官庄村、常袋镇拐坪村,三面环沟。村域总面积 6600 亩,其中林地面积 495 亩,耕地面积 5485 亩,村庄占地面积 620 亩。

2. 沿革

(1)历史沿革

石碑凹村原名宣武村。公元 495 年北魏孝文帝元宏由大同迁都洛阳,公元 498 年他死后葬于附近的长陵,他的儿子宣武帝元恪死后于公元 514 年葬于附近的景陵。后来,宋代开国元勋石守信和他的两个儿子石保兴、石保吉也都葬在这里,逐渐成了石守信家族陵墓,陵前立起高大石碑多通,碑高大且多,宣武村名可在石氏碑文中找到佐证。岁月流逝,墓地的豪华建筑物早被农田淹埋,留在旷原上的高大石碑,成了该村的标志,由此石碑凹村也因碑而改得其名。

(2)建制沿革

石碑凹村、符家沟村在1949年从前属洛阳县翠峰乡,解放初期为洛阳县第二区沟上乡,1952—1953年组织初级社,1956年政府又搞区制,沟上村划到洛阳市石碑凹村,符家沟村划归孟津县海资乡。

古寨是张姓建的。在村里,张姓占了绝大多数。明洪武年间,张家先人由山西省洪洞县迁居孟津县朝阳镇官庄村。后至清雍正初年(1723年),张氏十一世祖张绍述由官庄迁到这里,成了石碑凹村张姓的始祖,张姓定居石碑凹村后,直到清道光年间才开始修建古寨,当时主事的是第十四世祖太然、太和。以前的寨子分为南北两个宅院,中间为街道,南北宅院各自通连。

3. 重要历史事件

(1)杯酒释兵权

景德七年(960年)农历正月初一,后周君臣正在热热闹闹地庆贺春节,突然接到镇、定二州传来的紧急军情,契丹和北汉组成联军进犯后周,情急之下,皇帝诏令赵匡胤率禁军北上御敌。

接到诏令后,赵匡胤进行了严密的部署,安排高怀德等随军出征,把能征善战的石守信、王重琦留在京师。随后,赵匡胤带兵出城,一天只走了20多公里,傍晚到达开封东北的陈桥驿。

次日黎明,赵匡胤"黄袍加身"掉转马头,回师汴京。此时,石守信早已部署"将士环列待旦"控制了京师的交通和重要地点,策应大军返城,看到情势已经不可逆转,万般无奈,后周小皇帝只好把帝位"禅让"给赵匡胤,赵匡胤终于如愿以偿地夺取了后周政权,建立了北宋王朝。

靠军事政变登上皇位的宋太祖赵匡胤,最担心的就是石守信等人效仿他的做法,给他也来一次政变。于是他便向史上许多君王一样,把防范、收拾的对象瞄在了那些功高震主、手握大权的属下身上。不过,他采取的行动远没有西汉刘邦那样心狠手辣,而是温和得多。

乾德年间的一天,晚朝以后,赵匡胤特在后宫设置酒宴,招待石守信、王重琦等几位高级将领。席间,他感叹自己"终夕未尝安枕而卧",石守信等人忙问原因,他就说道:"哪个人不想富贵,一旦有人把黄袍加在你们的身上,你们即使不想当皇帝,可能推辞得了吗?"石守信等一听此言,知道他们已被赵匡胤猜忌,顿时吓得汗流浃背,哭求赵匡胤给指一条生路。赵匡胤于是顺势劝他们不如交出兵权、多聚钱财,快快活活地过下去。石守信等人急忙道谢,第二天,就和其他几位高级将领称病请假,请求解除各自的兵权。赵匡胤一一照准,给他们加封了有职无权的高官头衔,赏赐了大量的财宝、田宅,让他们养老。这就是史称的"杯酒释兵权"。

（2）张氏家族发展史

石碑凹村村民以张姓为主。明朝初年，张家先人由山西迁到孟津县朝阳镇，后至清朝雍正元年（公元1723年），张氏十一世祖张绍述迁到石碑凹村，成为石碑凹村张姓的始祖。张氏家族世代耕读传家，勤俭持家，砥节砺行，在清朝时有多人为官。

4. 重要历史人物

（1）石守信

石守信出生于公元928元，浚仪（今开封市附近）人，本是后周旧臣，周世宗柴荣即位后，他屡建战功，官至禁军殿前都指挥使，属于国家主力部队的高级将领。

北宋开国，"杯酒释兵权"后，石守信懂得了韬晦之计，以后无论当什么官，极少过问政治，一心聚敛财富，搜刮民脂民膏，积累下了庞大的家产。宋太宗赵炅登基后，太平兴国二年（977年），石守信拜为中书令，充任西京留守。举家来到洛阳，他更是疯狂地搜刮百姓，大肆聚敛钱财。

太平兴国九年六月（984年），石守信逝世，终年57岁，被安葬于河南省洛阳县平乐乡宣武村，也就是今天的孟津县常袋乡石碑凹村，北宋朝廷还追封其为威武郡王，谥武烈。

（2）石保兴

石保兴是石守信的长子，字光裔，自幼就很聪明，14岁时便当上了供奉官。石保兴同他的父亲一样，能征善战，屡建战功，逐渐成长为北宋的重要将领。

雍熙初年（984年），契丹军入侵北宋，石保兴奉命驻守澶州前线。不久，西夏军又入侵宋朝边境，石保兴率两千士兵在黑水河大败西夏军。至道二年（996年），石保兴在任延州（今陕西延安）都巡检使兼署州事率军平叛时，在三天内共打了42场仗，因此受到朝廷嘉奖，升任本路副都部署。咸平二年（999年），在与辽国战争（宋真宗亲征）中发官库钱给战士，以此为激励，终于打退了契丹军队。石保兴被封为西平郡开国公，咸平五年（1002年），他因病回到汴梁，不久病故，并归葬于石碑凹村。

（3）石保吉

石保吉是石守信的次子，石保兴的弟弟，字右之。石保吉与哥哥一样，为北宋将领，他的妻子是宋太祖赵匡胤的二女儿延庆公主。据说，石保吉依仗其卓越战功和当朝驸马的身份，骄横跋扈，所到之处，总是以接待公主的名义，要求各地为其大修府邸，生活极为奢侈。

虽然石保吉骄横做派十足，但其战功确也卓著，他历任驸马都尉、上柱国等职，也被封西平郡开国公。1004年，宋真宗与辽在澶州（今河南濮阳）议和时，石保吉率军立于北门外，辽骑数万骤至城下，他退去辽军，助宋真宗完成澶渊之盟。大中祥符初年（1008年），石保吉被加封为校检太师。

大中祥符三年（1010年）四月二日，石保吉57岁，病逝于丰义坊的私宅。他的灵柩"归河南府洛阳县平乐乡宣武原祔先王之茔，与延庆公主合葬"，埋葬于石碑凹村父兄墓之侧。

（4）何玉珍

1918年，何玉珍出生在四川省南江县临江村一个贫苦农民家庭，三岁时父母双亡，被姑母谢家收养，六岁时被卖到邻村何家，开始了她长达6年的童养媳生涯。1930年春，12岁的何玉珍加入了中国工农红军第四方面军，长征时，何玉珍被编入红四军独立团一连一排当排长。长征途中，何玉珍和战友们一道爬雪山、过草地、喝冰水、嚼草根，历尽千辛万苦而矢志不渝。1936年10月，中革军委决定由红三十军、红九军组成的西路军渡过黄河，在河西建立革命根据地打通与苏联相连接的国际通道。蒋介石为置西路军于死地，派遣马步芳、马步青，投入正规军24000余人、民团10万人，以骑兵为主，以绝对优势的兵力对我两万余人的西路军展开了围追堵截。在这场殊死的战役中，何玉珍参加大小战斗数十次，多次负伤，沦入敌手。在敌人的战俘营里，何玉珍大难不死，在孟津籍青年铁匠张荣先的冒死营救下脱离虎口，并结为患难夫妻，后来从青海辗转回到孟津县常袋乡定居。何玉珍在党和政府为她修建的红军院内，和子女们同住，安享晚年，她的院落还被定为孟津爱国主义教育基地。2012年3月，何玉珍因病医治无效逝世，享年95岁。

5. 村域环境分析

石碑凹村地处北邙之上，地处丘陵地带，位于河南省孟津县常袋镇政府东南约4公里处，距离洛阳市区约9公里。有宋朝石守信之子石保吉、石保兴两通巨碑。距北魏孝文帝陵2公里，距宣武帝陵即洛阳古代艺术博物馆4公里，该村古民居距卫坡古民居1公里，两村同时被住房和城乡建设部列入第二批中国传统村落。

当年石碑凹寨南、东、北三面临沟，南部大沟深度在50米以上，现大部被洛阳热电厂的粉煤灰充填；东北两面的沟也不是当年的地形地貌，已经显示不出当年的雄姿。沙燕在此筑巢上百个，贮灰区现有沙燕数百只，构成奇特的自然景观。

在石碑凹村北部自然村南凹村中，有一棵500年皂角树，是国家一级古树，2009年7月挂牌豫C1584。

图2-3　石碑凹村村貌

6. 传统建筑——古寨

石碑凹村的南边,紧挨着村民现在的聚居区,至今还保留有一座明清时期的古寨,让人格外惊奇。这里住着当年富甲一方的张家大户,传称与巩县康家(康百万)齐名。

大凹的平均深度约8米,南北向主轴线北偏东35度,走向西北—东南,东西长150米,南北宽70米,它的走向与该地区主导风向基本一致。这座古寨东西长500米,南北宽400米,是依托当地的有利地形,向下深挖黄土而建的地扎窑式村寨。四周原有高高的寨墙,墙上又垒寨垛,用来防御外部侵袭。它的寨门设置得十分特别,在东寨墙根,向下挖出一条马道坡,再用砖石砌成门墙,安上厚重的木门,寨门一闭,固若金汤。

这里现在还有一条深洞,全长60多米,由寨内直通南部的一道深沟,南端洞口恰恰开在深沟的半腰处。据村民讲,这条深洞俗称"跑反洞",可容200余人,是旧社会人们为了躲避战争和匪乱修造的,寨一旦被攻破,可用来藏身逃命。

寨内的主体建筑是一排坐北朝南的明清宅院,共有十几座居民院落构成。砖木结构的各式建筑错落有致,雕梁画栋,古色古香。随便走进一座院子,从前到后,可以看到临街大门、过厅、厢房、上房、砖砌窑洞等,层次分明。院内还多植梧桐、石榴等树木花卉,显得清幽典雅。

寨中间有一条东西主干道(土路),干道上还有两道寨门(大车门),一座在居民区的东端,一座在东西院分界处,道路北侧是主要的住宅区。谨遵"抱朴守拙"的家训,房舍修建得并不华丽。现存房屋百余间,窑80余孔,房屋建筑面积2460平方米,窑净面积1140平方米,合计居住面积3600平方米,占地面积4011平方米,约合6亩。住宅区共有9座院子,分东西两院,每座院子大同小异都由正房窑、厢房、过厅、前厅组成,院院相连通,户户成体系。

寨门面东,虽经数百年风雨侵蚀,寨门砖柱犹存。沿寨门下行20米到寨门坡,眼前豁然开朗,呈现出一派洞天府地。整个寨子西高东低,方圆约300平方米的寨子内绿树成荫,遍布着大小窑洞80余孔,房子百余间,建有寨墙、寨壕、二层寨、下院、地道、古磨、古井、戏台等,南北有地道可上寨,寨墙高丈余,东南角有豁口,临深沟,东南、西北全是土崖。

寨内10所清代民居坐北朝南一字排开,且全部为砖木结构,蓝砖蓝瓦,雕梁画栋,飞檐卧脊,分前厅、中厅、后院、对厦、窑洞,前后院长、宽各约30米。

古寨呈东西向,坐北向南10所住宅为正院,南边为下院。街西有一棵百年古槐,遮天蔽日。寨内有4道寨门,只有东边有一出口,每当寨门紧闭,匪患莫入,固若金汤。登上寨墙整条街尽收眼底,每逢过节,大红灯笼高高挂,景色十分壮观。

走进古寨,正宅都为三进院,进临街、过侧门拾级五步上月台,进过厅,过厅有12扇门,厅后两扇门,二门后为对厦,后有靠山窑,窑前有窑厦共分两层,砖木结构十分壮观,十所宅院大门几乎是统一的——高大门楼下一色厚重的黑漆大门,门上铁兽环,门前有上马石,临街房檐下一排悬挂过金匾的壁龛,二门门前有门当、户对等。

图2-4　石碑凹村局部建筑1

图2-5　石碑凹村局部建筑2

走进院中,庭院前台陛严整,一般种有四季观赏的花木如石榴、刺梅和梧桐、枣树、香椿等,现保留有几百年的石榴树多棵,和一百多年的梧桐、枣树,过厅前有楹有联,楣有匾,清一色的雕镂考究的格棂门窗,12扇房门上的雕花精工细作,雕有牡丹、梅、菊、莲和人物、风景。墙头有砖雕、上马石、门当、户对,有一家二门上雕有"不踰亭"及雕花。俨然一派官宦气派,厅内有八仙桌、太师椅、条几、屏风配套整齐,显现出当时的排场。在学堂的门旁雕刻有"花香不在多,室雅何须大",主窑的门楣上砖刻有"抱朴守拙""慎行节用""慎身节用""星耀南极",匾额有"德绍敬姜""纪饬伦敦""坤德永贞"。

屋面做法是椽条上面刨平,摆放笆砖(一种薄形方砖)在其上封泥坐小青瓦,房檐处设滴水瓦档。双坡屋面有五道脊,硬山上四道垂脊,正顶上一道正脊。正脊两端的龙吻、四道,垂脊上的垂兽合称六兽,都有着浓郁的清代建筑色彩,可惜在"文化大革命"中被疯狂的人们敲打得残缺不全了。房屋的承重结构为木骨架,平梁下有柱,平梁上有枔,枔上有椽,硬山架枔,围护墙多为里生(土坯)外熟(青砖),厚度在 0.43~0.51 米,这种墙体构造既经济又保暖。

十所宅院各有通道,街南房屋大都拆除,只剩 4 户人家。寨西、南二面皆为土窑洞,寨上有高约丈余的寨墙,现已部分坍塌,残垣断壁,参差不齐。寨内地道密布,离地 5~6 米的地道有一人多高,通水井、磨坊、沟底处,且布有陷阱。该寨距今已有 200 余年的历史,近年来,由于年久失修,交通不便,出入上下寨门很不方便,大多数人家都走出古寨另外建房居住。

在村主道边还存有 14 所清代民居,为原村庄内铁匠铺、磨坊等商铺,部分居民在原址重建了现代的红砖房,只保留了临街为传统风貌建筑。

7. 民间艺术

唢呐这一古老传统艺术在石碑凹村已有近二百年的历史,据第六代传人符新河口述,老祖爷符大明兄弟姐妹较多,家境贫穷,为了生计四处求师学艺,学徒期满,购置唢呐一只和一个钗,自立门户,方圆的十里内谁家有红白事都要去助兴吊唁,有时有钱,有时没钱,但多数没有报酬,纯粹是变相要饭,是一种谋生手段。到了第二代传人符相又添置了一个笙,这时唢呐班人数达到三人,这时虽不能养家糊口,但总算有了微薄收入,经数年艰辛奔波,唢呐队也由原来的三人到达鼎盛时期,开始广收徒弟,孟津瀍沟陈氏兄弟、符家沟杨氏兄弟相继投师学艺,学艺有成后自立门户,此时唢呐班今非昔比。在洛阳北大街设乐器制作坊和乐器修理门户,所做乐器销往全国各地,在洛阳乃至全国名声传扬。唢呐演绎也达到前所未有的水平。1950 年因演艺水平不俗,第四代传人符崇生获邀和国内演艺界名流赴朝鲜前线慰问志愿军将士,后又参加全国多项大型演出活动。

历史的发展,时间的推移,把唢呐这门古老的民间艺术推向了高峰。第五代传人符永和和符永安更是技高一筹,把唢呐演奏表现得淋漓尽致。双唢呐吹奏、鼻孔吹奏让观众赏心悦目,回味无穷。第六代传人符新河与时俱进,发扬祖辈优秀演技,把现代演技与历史传统演技相结合,把唢呐演技推向了新的高峰。目前规模已达十人之多,有了演奏舞台、灯光、科技及大型剧目演出。由过去祖辈谋生要饭到现代唢呐文艺演出集团,在洛阳乃至山西、陕西都享有盛名。

三、洛阳市汝阳县蔡店乡杜康村

1. 村落概况

汝阳县杜康村地处北纬 33°49′至 33°49′,东经 112°8′至 112°28′,距县城 25 千米,现为汝阳县蔡店乡所属的一个行政村。杜康村地处豫西浅山丘陵区。地势西低东高,位于蔡店乡政府西北侧,距镇政府 1 公里,东邻常渠,西邻妙东,南邻向南,北邻阎村。

杜康村共有一个自然村。该村土地总面积199.8公顷,其中村庄建设用地34.3公顷,村庄耕地2300亩,林地240亩,其他为水域和岭地。

杜康中心村地处亚热带向暖温带过渡地带,属大陆性季风气候,四季分明,季风显著为其主要特征。春季干旱风日多,夏季炎热雨丰沛,秋季晴和日照足,冬季寒冷雨雪少,年平均降雨量578.2毫米,平均风速2.3米/秒,年平均日照时数2291.6小时,太阳辐射年均总量为117.47千卡/cm^2,年平均无霜期218天。地下水3~10米,属2级大孔性土壤。

2. 村域环境分析

杜康村坐落于伏牛山北十余里,主村庄环坡抱水,风景优美。杜康,原名少康,由伊河而上到此见环境优美,泉水清凉,遂在此居住生活,后又发明秫酒。

杜康村地处豫西浅山丘陵区。地势西低东高,位于蔡店乡政府西北侧,距镇政府1公里,东邻常渠,西邻妙东,南邻向南,北邻阎村。

3. 传统建筑

(1) 杜康仙庄

杜康仙庄依山傍水,仿古设计,主体建筑为廊院式格局,高低错落,虚实对比,结构、造型、色彩集汉、唐、宋、明、清之萃,展现了显著历史、文化时代风尚之格局。

杜康河横截杜康仙庄。分杜康河西岸和东岸,九曲二仙桥和桑涧桥又将东西两部分合为一体,桥下河水潺潺,清澈碧透,每逢秋夏阴晦季节,还可闻到一种天然的酒香,自源头至杜康村300米处,百泉喷涌,清冽剔透,俗称"一里百香",其中最大的泉为"杜康泉",系杜康当年取水酿酒之泉,此水为重硫酸钙型矿泉水,含有四十多种有益于人体的微量元素,泉中五彩鸳鸯虾,两两相抱。杜康河中的鸭食虾后,产蛋橘红色,且为双黄,史载杜康村民过去"进贡蛋而不纳皇粮"。

东岸香醇园是园中之园,也是仙庄大山门,河南省社会科学院中国杜康酒文化研究所、中华杜康中国书画研究所、洛阳市爱国主义教育基地就设在这里。环境优雅的观景台就坐落在龙岭之顶,登上此台,杜康仙庄的所有景观尽收眼底,出香醇园,过通云阁,展现在眼前的是一块三米见方的酒壁,往下就是一幢仿清重檐复屋天井式的中国酒文化博览中心,从中可以领略到一万多种名酒、700多种酒器,以及几千年的中国杜康酒文化和杜康酒厂灿烂辉煌的历史。

(2) 杜康祠

西岸为杜康祠,它是按照东汉杜康祠的规模复原而成。祠中有象征中国杜康酒源远流长的古金爵,献殿中醉态可掬的饮中八仙,端坐着用汉白玉精心雕塑的高三米酒祖杜康像的酒祖殿。殿内左右两侧的壁画经艺术大师的精心绘制,惟妙惟肖。酒祖殿两侧为碑廊,李苦禅、李可染、张爱萍还有港澳台胞和日本友人等64位名人笔歌杜康、赞美仙庄的墨宝令人一饱眼福;右边有酒功馆、龙吟亭,左边有酒过馆、凤鸣亭,北边有再现刘伶、阮籍、嵇康等历史风流才子隐居欢乐景象的"竹林七贤",依天然之势修建的葫芦湖,贵妃沐浴的知恩亭及象征中日邦交友谊长存的樱花园,南边有横槊诗"何以解忧,唯有杜康"的魏武居。

图2-6　杜康祠正门

图2-7　杜康祠局部建筑

(3)酒祖杜康墓

规模宏大的群雕古酿斋,再现了杜康当年造酒的历史故事,形象逼真,栩栩如生。杜康祠左边为醉仙遗榻,右边为当年杜康"有饭不尽,委余空桑,郁积成味,久蓄气芳"发现酿酒秘方的古酒村。

(4)杜康造酒遗址

杜康造酒遗址被誉为中国秫酒的发源地和中国酒文化摇篮。《直隶汝州全志·伊阳(今汝阳县)古迹》载:"杜康石八,城北五十里,杜康造酒处,有杜水,《水经注》名康水。"该志卷九又载:"杜水涧,城北五十里,因杜康造酒于此,故名。"2007年,中国民间文艺家协会受中宣部委托,经过认真查证,授予汝阳县"中国杜康文化之乡"和"中国杜康文化传承基地"称号。

四、洛阳市栾川县潭头镇大王庙村

1. 村落概况

大王庙村位于潭头镇区北1.5公里处,依山傍水,古韵悠然。村庄由穿村而过的文曲河分为南北两个片区——大王庙村与南坡组。东有潭峪河与赵庄村、东山村隔河相望,西有陆峰山与石柯村为界,北与纸房村接壤,南与潭头村相邻。

村庄内古建筑保存较为完好,以石桥、老井、古树、老宅最为有名,具有代表性的建筑是集中在文曲河南北两岸的孙家大院、赵家大院、李家大院、当村古井楼、娃娃虹桥等。其中,孙家大院和李家大院保存较为完好。

2. 沿革

(1)历史沿革

大王庙村原名"文曲村",村史悠久,曾因明末之乱而毁于一旦。现村落始建于明末清初,由李姓从山西洪洞县迁居至此,主要从事农业,后有赵姓、孙姓等相继迁入,读书中举者众。明崇祯年间,李氏一族迁入,后有赵氏、孙氏安居。村内以孙、李氏户数最多,占全村60%以上。据孙氏家谱记载,自明末遭兵灾,孙氏于清初顺治年间自嵩县城迁至此,距今已300多年。大王庙村原隶属嵩县,新中国成立后划归栾川县。

(2)建制沿革

明代天顺六年(1462年)隶属嵩县临伊乡。清末民初属嵩县都御里,民国二十一年(1932年)属嵩县第四区,民国三十年(1941年)属嵩县楼关乡,1947年解放,属栾川县第三区,1949年属栾川县秋潭区,1956年置潭头中心乡,1957年改称潭头区,1958年5月改为潭头乡,同年8月建立潭头公社,1984年潭头改社为乡,1993年12月撤乡建镇。

(3)修建沿革

大王庙村落的发展大致分为两个阶段。

第一阶段是明末清初,村中建筑街道围绕当街石井布置。主干道为"官道",官道起自村东门,过娃娃虹桥向西向北环绕而下,通往村西口,两旁高低民房错落有致。大王庙村主要通过东面和外界相通,同时在村北有"马坪",村西有"箭坪",为朱大王弓马骑射之所。

第二阶段是清末民初,村落主要向南向北发展。以当街石井为中心,向南向北出大路两条,小道若干。清末大王庙现存的民居古建也多分布于此,村落十分繁华。现存清代建筑有李家大院、孙家大院、孙家祠堂、大王庙、赵家大院、河大农学院遗址等。

3. 重要历史事件

(1) 官道"劫皇扛"案

官道起自村东门,过娃娃虹桥向西向北环绕而下,通往村西口。因清末"劫皇扛"一案,本应全村连坐受刑。后因钦差观大王庙民风淳朴,文风甚浓,上书请求赦免。以此,钦差巡察之路便改名官道。

(2) "大王庙"村名由来

大王庙村原名"文曲村",村史悠久。清初,有明皇遗族朱氏逃居石柯村。一年夏天,赤日炎炎,他身披皮袄、手提火炉前往王庄走亲,途中人们惊奇问他:"天这么热,你为何着袄提火!"他胸有成竹地答道:"今天中午有大雨冰雹,会很冷。"人们都不信,中午朱氏从王庄回石柯村,经过大王庙村北石桥时,果然下起了大雨冰雹,朱氏无处躲藏,就钻进路旁一棵大树的树洞内避雨,不料被雷电击死。后来人们感其神异,在村北盖庙敬祭,庙名大王庙。从此文曲村就以大王庙为名。

(3) 河大农学院于此办学

民国时期,因日军来袭河南大学师生辗转来到此地。大王庙村民热情接待,无偿送上瓜果蔬菜,并让出 8 间房屋为河大农学院校所,辟出 30 亩良田为农学院专用试验田,村中甘露寺捐赠万亩荒山给农学院森林系做专用林场。大王庙村民倾其所有厚待河大师生,河大师生极为感动,在这里他们培育出"河大 H-1,H-2,H-3"三种小麦良种。

(4) "5·15"潭头惨案

1944 年 5 月 15 日,日军分两路突袭潭头镇。河大师生慌乱出逃,部分教师家属和数十名学生盲目地向北山转移,恰与一股日军骑兵遭遇,日军开枪扫射,6 人身亡,20 余人被俘。河大农学院时任院长王直青和段再丕教授等 20 名师生被俘后,被迫服苦役,常遭毒打。王直青院长不堪忍受,跳下悬崖,被村民救起,得以逃脱。

"5·15"潭头惨案发生后,大王庙村村民抓住一切时机营救河大师生,冒着生命危险为师生带路送行,还偷偷运回农学院显微镜、植物标本等,归还河大。

中华人民共和国成立后,河南大学仍与大王庙村保持密切联系,常为大王庙村村民捐款捐物,支持当地教育事业,并把这里作为河南大学的红色教育基地。

4. 重要历史人物

(1) 孙氏寡妇

清初,一年秋天,突降暴雨,山洪在村子南边冲出了一条深沟,使村里人出行极不方便。日久天长,深沟越来越深,成了村里人的一件闹心事。时年,村里孙姓大户户主突然病故,万贯家产留给了媳妇。媳妇决心为其守寡,但自己又无儿无女,钱财也没有太多用场,决定拿出来为村里人办好事修桥。于是请来宜阳县白杨树镇的李姓巧匠,在深沟上搭了一座单眼横跨石拱桥。桥身高有两丈出头,长五丈有余,宽丈二三,桥面上有16根石柱、18块栏板,石柱头上雕有石狮、石猴、石人等造型,石栏板上的浮雕图案有松鹤、麒麟、松鹿、荷花、牡丹、凤凰、龙虎、山水、牧童骑牛角挂树等,但并无命名。时间久了,村里人根据石柱上雕刻的石人,给桥起了个俗名——"娃娃虹桥"。

(2) 南坡梁氏、张氏

清代南坡张氏始祖张金龙与南坡梁氏合力建桥。梁氏出资,张金龙因会石工而出力,建成后大大方便两岸往来。该桥位于南坡居民组原址东南约半里处,桥面长13米,宽4米,高3米,无护栏及装饰品,桥面铺黄土,同两端道路衔接无异,故名土桥,以此桥下沟壑命名为"土桥沟"。中华人民共和国成立后,因大量采土烧砖,两岸丘陵已夷为平地,石桥虽完成历史使命,但仍屹立不倒,见证着大王庙村的历史。

(3) 李培森

李培森(1906—1992),字霖生,潭头镇大王庙村人。1953年参加医务工作,行医于大清沟、狮子庙、三川、庙子一带。1956年始,到开封、洛阳、成都进修中医学后,在县卫校教书。1959年任教导主任、校长。1962年调县医院,1979年当选县医药卫生学会副会长、县医院中医科主任。

在工作实践中他谨守"四诊""八纲",辨证论治一丝不苟、立方用药力求稳妥。1959—1968年从事医教,以带徒、培训形式培育中医150余名,自编歌诀百余首,集辩证药方于其中,言简意赅,朗朗上口,便于流传。堪为名医良师。1980年退休,1992年病逝,享年87岁。

1995年乙亥菊月28日,众多学子议立牌楼碑碣于大王庙村北大道边。铭文称其:"曾设药店悬壶济世,游学于冀、蜀、汴、洛,既谱岐黄经典,尤善内科杂症,屡起沉疴,同仁折服。医德医风为人乐道,才俊德优……"云云。

(4) 孙明谔

孙明谔,1944年生,潭头大王庙村人。1967年毕业于西北师范大学数学系。曾在兰州师范高等专科学校、洛阳师范高等专科学校任教。现为洛阳师范学院数学系副教授。主要著作有《简明数学史》,参编有《数学分析的概念与方法》。2004年退休。

(5) 崔章成

崔章成,1950年生,潭头镇大王庙村人。1975年入党,1979年河南医学院毕业后分到县医院工作。1984年到洛阳医专附属医院进修，1988年晋升为内科主治医师，1997年晋升为神经内科副主任医师。曾任内科、医务科主任。1991年4月至1998年6月连续发表多篇医疗专题论文。

(6) 马保政

马保政，1964年元月生于栾川县潭头镇大王庙村，中共党员，先后在栾川县政府办等单位任职。1984年以来，先后任庙子乡副乡长，三川乡党委委员、副乡长，1988年任团县委书记，1993年任栾川县合峪镇党委书记。1999年任栾川县人民检察院副检察长。2001年任嵩县人民检察院检察长，现任洛阳市人民检察院副检察长。

5. 村域环境

大王庙村位于栾川县东北部，潭头镇北部。地处暖温带大陆性季风气候，其特点是，雨量充沛，气候温热，光照充足，冬长夏短。

大王庙村三面环山，西倚熊耳山，南面隔河与玉阳山相连，正北与路峰小丘相望，东面开敞。村东和村北千亩良田连为一体，南面则为水运要道。伊河支流潭峪河从村庄东部自北向南流过。文曲河穿村而过，注入潭峪河，河流年际流量变化较大，夏季山洪暴发危害较大。河大农学院旧址位于村中。村庄内早期传统建筑沿文曲河东岸分布，集中成片。现今随着村庄发展，村庄整体逐步向东向南住潭峪河方向延伸，村内道路大多已硬化，交通相对便利。

6. 选址与格局

大王庙村的选址浑然天成，外有玉阳山和马蹄形的熊耳山围绕，坐落于潭峪、阳峪、井峪河冲积而成的潭头盆地，水源充足，土地肥沃，是豫西栾川地区少有的产粮之地。

图 2-8　大王庙

大王庙村基高坡而起,由南向北逐渐升高,高差不大。清代传统民居、三大院及其他主要建筑大都在同一等高线之上,几座院落由"官道"以坡道形式相连。清代后期形成的街道相互连通,地势基本平整,便于院落布置。清代村落仍旧以当村古井为中心,旁原有戏台楼阁,是村中公共活动的中心。

在空间序列上,"官道"可谓匠心独运。从村口娃娃虹桥起,经文曲河,曲折由小路进村,由西穿村而过折返向北,石砌街墙青苔遍布清幽古朴,环绕古村,成为村内亘古不变的安排和规划。村民对"官道"的保护可谓严谨,民国时曾有保长权势滔天,欺压乡里,村民被鱼肉多年都不曾想过反抗。唯该保长占"官道"修房屋,引起村内百姓怒火冲天,冲入其家将占道房屋生生挖去,至今仍有遗迹留存。"官道"对大王庙村民之重要,由此可见,清代新建街道和"官道"纵横交错,两侧多为传统民居和小型商业建筑,形成了具有生活气息的街区。

7. 传统建筑

大王庙传统民居多为合院式,虽然院落的规模不一,合院房屋数量和合院程度不同,但大体格局相似,颇有规律。

(1)李、孙、赵三家大院

始建于明末清初,于清朝嘉庆年间落成,是大王庙最早落户者李氏、孙氏、赵氏的祖宅。

孙家大院,占地810平方米,属于小型四合院,砖木结构建筑。大门设有门楼,门下枕石雕刻莲花和菊花,门柱上有砖雕牡丹。院内分北房(正房)和东西厢房。北房木质浮雕、透雕规整有序、房顶铺设瓦片,屋檐用雕花瓦当规整,屋脊上脊兽小巧威严,两角雕花美观实用。院内有一棵180年树龄的桂树,花开时节满园飘香。

图2-9 孙家大院

李家大院,占地650平方米,与孙家大院造型别无二致,唯一不同的是院内有一株200年树龄的紫荆树,树冠高大茂密,花开之时,远远望去好似空中花园,姹紫嫣红,好不喜人。曾有人贪恋此百年紫荆,欲偷盗而去,幸被村民及时发现,此景观才可以留至现在。

图 2-10　李家大院

赵家大院,占地700平方米,格局与其他两家一致。但由于久无人住,略显破败,院内据传曾有一株百年紫藤,后不知所终,令人扼腕。

(2)孙家祠堂

孙家祠堂修建于清朝末年,为传统民间祠堂格局,是孙氏族人祭祀祖先的场所。祠堂有多种用途。除了"崇宗祀祖"和保存族谱之用外,各房子孙平时有办理婚、丧、寿、喜等事时,便利用这宽广的祠堂以作为活动之用。另外,族亲们有时为了商议族内的重要事务,也利用祠堂作为会聚场所。祠堂正堂宽敞明亮,庄重肃穆,梁柱用材粗犷,柱础多为木质。

(3)大王庙

因祭奠明末逃亡此地的朱姓皇族而立,占地80平方米。距今已400余年。庙内曾供奉"朱大王"木质雕像,"文革"时期村民为保护雕像,将其搬入山洞之中,后风化于内,难以取出。

大王庙曾作为学校之用,后因保护不善而倾塌,现在其原址之上,依照原名重修。

图 2-11　大王庙局部建筑

(4) 河大农学院遗址

修建于民国时期,因日军来袭,河大师生辗转来到此地,大王庙村民热情接待,无偿提供瓜果蔬菜,并让出 8 间房屋作为河大农学院校所,辟出 30 亩良田为农学院专用试验田。大王庙村民倾其所有厚待河大师生,河大师生极为感动,在这里他们培育出"河大 H-1,H-2,H-3"三种小麦良种。

8. 民俗活动

挠桩是中国北方地区春节社火中流传的一种独特有趣的汉族传统民俗娱乐活动,流传范围广泛,形式多种多样,称呼各有不同。

大王庙村挠桩艺术表演始于 1941 年,桩杆高 2.5 米左右,铁桩固定在架桩人身上,桩顶坐桩童。表演多在农历新年、元宵节及重大庆祝活动期间进行,参演人员少则十余人,多则三十余人不等。

挠桩每组有壮汉、小孩各一人。小演员都是从村民中选出的漂亮、机灵的五六岁孩童,按照不同的扮相,或略施粉黛,或浓妆艳抹,身着鲜艳的古代戏剧服装,被父兄用宽布带牢牢缚在挠阁架子上,个个花枝招展,裙裾飞扬,扮相可人。身体壮实的汉子在下背缚挠阁架子,在婉转悠扬的汉族民间器乐的伴奏下,脚下用力,气沉丹田,以腰为轴,扭动大胯,把握重心,松弛有度地扭动,并遵照指挥不时变化队形,时而沉稳轻缓,时而碎步疾走,时而左右穿梭,时而前后挪动,如凤凰展翅,似蛟龙游动,令人眼花缭乱,目不暇接。壮汉们整齐划一、酣畅淋漓的表演,充分显示出劳动人民乐观向上、勤劳勇敢的精神风貌,显示出新时代农民的潇洒与自信。挠阁架子上的小孩则按下面壮汉给的力度,甩动水袖,或上下,或左右,或轻柔,或奔放,个个顾盼生辉,婷婷婀娜,如仙女下凡,似神仙显灵,令人流连忘返,百看不厌。

五、洛阳市栾川县三川镇抱犊寨

1. 村落概况

抱犊寨位于栾川县城西南34公里的抱犊山上,地跨卢氏、栾川边境,属熊耳山脉,东西走向。隶属三川镇,东临三川镇石窑沟,西与三门峡市卢氏县文峪乡接壤,北濒卢氏县香子坪。四周群峰环拱,壁立千仞,似剑如戟,层峦绵亘,云锁雾绕,长松夹径,乱石嵯峨,清泉流涧,幽草清苔。山寨筑有四门,东门有断山壕,壕深莫测;西门两峰之间,有10米左右深堑;南、北门均峭壁千仞,无路可通。谓一夫当关、万夫莫开之天堑雄关。自古以来为中原名寨。《辞书》记载:"昔人避兵之所。"抱犊寨位于伏牛山脉和熊耳山脉的结合部,为温带大陆性季风气候,属长江水系淯河支流。植被完好,森林覆盖率达95%以上。境内有野猫、獐子、松鼠等野生动物,植物种类丰富。

2008年,由河南省人民政府公布为河南省重点文物保护单位。依据抱犊山秀丽风光以及解放军三打抱犊寨等革命红色内涵,抱犊寨先后获得"洛阳市爱国主义教育示范基地""洛阳市国防教育基地""青少年思想道德教育基地""红色之旅中原行十佳红色旅游景区""河南省爱国主义教育基地""革命老区爱国教育基地""抱犊寨红色廉政教育基地"等荣誉称号。

2. 沿革

(1)历史沿革

明清以来,嵩县、卢氏、西峡、洛宁和当地的巨绅富户在这里据山筑寨,逃苛捐苦役,避兵匪战祸。民国十年(1921年),李长裕(三川镇姚湾村人)任寨首,逐渐形成村落。1947年谢润玉夺而代之。1948年9月解放,隶属栾川县三川镇管辖。现为国家4A级旅游度假区。

(2)建制沿革

民国时期,三川镇隶属卢氏县,1947年栾川解放后,置栾川县,三川镇火神庙村抱犊寨隶属栾川县。

(3)修建沿革

清末民初,社会动荡,豫西山区匪寇猖獗,经常绑架富户,敲诈钱财,富户豪绅惶惶不可终日。乱世向山,几经考究,人们发现,抱犊寨顶地势平坦,风光秀美,更有抱犊仙人的神奇传说,于是就选中此地,纷纷避居抱犊寨上。抱犊寨不仅可以躲避灾难,还可以求神养生,久而久之,这里成了附近富户豪绅的"避风塘"。随着几十年的群落聚集,迁来的人越来越多,特别是有些富户还带上家眷,形成了相当规模的群体。为了满足需求,山寨不断扩建,为防兵匪侵袭,又在山寨的东、西、南、北四个隘口筑起寨墙,扎上寨门,形成了一个集防务、衣、食、行、居为一体的群落。1948年前抱犊寨有大小房屋500余间,大街小巷十数条,将整个寨子连成一片,街旁有客栈、酒馆、药铺、茶馆、肉铺等各色铺子,还有怡春楼、绣楼、赌场、烟馆等供人享受的场所,演武场有戏台子、打擂台和问斩台。寨主集军、政、管辖权于一身,制定山规,设置公堂、牢狱等一整套机关。1947年,三川匪霸谢润玉据此天险,占山为王,祸害人民。1948年抱犊寨解放后,为防后患,部队进寨后将所有寨门、工事、房屋全部拆毁。现在的建筑为旧时寨上民居的一部分,在旧址上修建复制而成。村里除谢家、李家等富户院落外,另有传统的造酒、打油、打绳、木工、打铁等手工作坊。

3. 重要历史事件

(1) 解放军三打抱犊寨

抱犊寨乃中原名寨,自古谓一夫当关、万夫莫开之天堑雄关。后匪首谢润玉啸聚匪众,占山为王,祸害民众。中国人民解放军为此"三打抱犊寨"。1946年冬,我豫鄂陕四分区黄林部涤扫豫西匪患,攻寨三昼夜未克;1947年12月,我陈谢兵团38军164团强打七昼夜未破;1948年秋,以陈谢兵团22旅64团为主力,第三、六、七军分区部队与栾川独立团配合,栾川人民援助支持,采用"围三阙一",经33昼夜围攻,匪首谢润玉及仆从弃寨逃遁,余匪被全歼,抱犊寨遂宣告解放。三打抱犊寨,我人民解放军和地方武装亦伤亡500余人。

(2) 树立解放抱犊寨纪念碑

在三打抱犊寨战斗中,有许多无名烈士和无名英雄,他们为解放卢栾人民做出了巨大牺牲,建立了不朽的功绩。其革命豪气共天地长存,英雄业绩与日月同辉。为牢记历史,珍爱和平,缅怀英烈,启迪后人,2006年,栾川县委、县政府在抱犊寨树立解放抱犊寨纪念碑。人民英雄万古流芳,革命先烈永垂不朽。

4. 重要历史人物

(1) 李长裕

李长裕又名李大先。三川镇姚湾村人,生卒年不详,学问、声望在当地颇有影响。民国十年左右,被推为抱犊寨寨首。兴办私塾,制定寨规,修筑寨墙,招募寨丁,设立公堂牢狱,添置防守武器。1946年,解放军一打抱犊寨时,时任卢氏县县长的雷文斋的父亲雷荫堂居住山寨,李长裕得到卢氏县的保安团救援,一打抱犊寨失利。1947年,被谢润玉逼出抱犊寨。

(2) 谢润玉

谢润玉乳名谢天浪,又名泽琮,冷水镇大南沟村人。曾任冷水保长、联保主任、土匪大队长、三川镇长、地方土匪营长、胡宗南新三师副官主任等职。1947年栾川解放后,谢润玉聚匪众500多人,把抱犊寨作为据点,据险顽抗。得到国民党第一战区胡宗南的赏识,称抱犊寨为"豫西之屏障、西安之门户",授谢"华胄荣誉勋章"。1948年,解放军三打抱犊寨,谢弃寨而逃,后被抓获。1950年在三川镇被公审枪毙。

5. 村域环境分析

火神庙村抱犊寨因远古时期一个放牛娃食芝草抱牛犊飞升的神话故事而得名,现存《重修抱犊宫碑记》司考。抱犊寨海拔1803米,四周群峰环拱,壁立千仞,似剑如戟,层峦绵亘,云锁雾绕,长松夹径,乱石嵯峨,清泉流涧,幽草清苔。村域内有"石老婆""石老汉""轿顶山""莲花洞""螃蟹盖""过风洞""望牛岭""牛皮缝"等景观。

清人王景福著有《抱犊山诗》:"神牛杳何处,深路人摇铃。石磴龙蜒滑,柴窝虎迹腥。老衫鸣夜雨,残漏落晨星。借问遇仙事,遗碑旧有铭。"山寨筑有四门,东门有断山壕,壕深莫测;西门两峰之间,有10米左右深堑;南、北门均峭壁千仞,无路可通。

6. 选址与格局描述

火神庙村位于三川镇西部,与卢氏县接壤,属豫西高寒地区,地处海拔1300米左右的高山坳中,周围群山环抱,中间有沟川平地,海拔均在1400米以上。村域内居民点沿山坳呈树枝状分布。

从小范围分析,抱犊寨的选址浑然天成,地形地貌是伏牛山与熊耳山的结合部,望牛岭牛角尖海拔1803米,抱犊寨螃蟹盖海拔1806.4米,伏牛山整体态势,北缓南险。抱犊寨地势险要,西门两峰对峙,中有十余米宽峡谷,峡谷可通寨上;东门为上寨主道,左侧"断山壕"与主峰隔断;南、北门则壁立千仞无路可攀,实为"一夫当关万夫莫开"之险地。四门天然形成,寨内呈簸箕掌状形,西、北、南三面高,东部开阔。寨内建筑随等高线呈"U"字形分布。

7. 传统建筑

(1)接仙阁

接仙阁背靠轿顶山,建于2米高台之上,三层殿堂庙宇,雕梁画栋,挑角飞檐,气势恢宏。相传玉帝在此接抱犊真人飞天升仙。内供玉帝、老君、财神、福、禄、寿、喜、抱犊真人等神仙,掌管人间升官、发财、求子、求婚等诸多事务。内墙壁画精美,有众生送仙图、玉帝接仙图等,均描绘抱犊真人升仙场面。此建筑始建于清代,民国至今多次重修。

(2)李氏宗祠

李氏宗祠是首任寨首李长裕供奉先祖的宗祠。宗祠是中国宗法社会基层组织及多功能公共场所。除祭祀先辈外,凡一切有关宗族事务都在祠堂举办。族人违犯族规要在宗祖面前受到处罚,族人的耀祖光宗之举也要向先人告慰。明柱上的一副对联"根深则叶茂,渊远而流长",出自民国大书法家、国民党元老于右任先生之手。屋里除宗祠牌位外,两侧的墙上画有二十四孝孝图案和族规。

图 2-12 李氏宗祠

图 2-13 李宅一进院

图2-14　李宅二进院

8. 非物质文化遗产

(1) 靠山黄

"靠山黄",也叫靠调。此剧多开武戏。传说清朝咸丰年间,有位上京举人,三试不第无意功名,在家潜心研戏。他结合大山人的粗犷、豪放、热情创作出了富有大山人性格的"靠山黄"。调门有20多个,常用有二八板、快二八、慢二八、滚板、流水……它真假腔结合,字正腔圆,把声音发挥得淋漓尽致。主要乐器有京胡、二胡、笙、坠子、三弦、口笛、边鼓、战鼓、梆子、大锣、镲等。脸谱和道具和豫剧同。分豫西调和豫东调。

1899年,在豫西影响较大的有窝子班、江湖班、龙虎班,是靠山黄的发展时期。

清末民初是靠山黄戏剧活动的鼎盛时期。那时较大的村庄和集市市场都盖有戏楼,经常有戏剧演出。

1949年,栾川台上村成立村级剧团,当时为活跃文化生活,宣传党的方针政策。因解放初受封建思想影响,唱奸生、胡子生、青衣、正旦全为男性。戏剧中滚钉板的钉明晃晃的,滚动时需要演员有硬功夫。演"铡赵王"是真铡刀,在铡的过程中很快换上特制的假铡刀,换的动作很快,很逼真。还有舞枪舞剑的动作也快,舞动时前后左右能盖住人影。

靠山黄已形成一个完整的剧种,有信仰,信郎神;注意禁忌,在台场演戏,不准说带有"龙、虎、蛇、梦"的话等。

靠山黄戏从1851年开始,2006年申遗成功,历时156年,基本没有大的间断。

(2) 三川豆腐

三川豆腐有名,那是名不虚传,水好,做法遵循古法,全用浆点。不用石膏,真是全天然,全手工,令你口齿生香,常吃常想。在冬季,三川豆腐泡在水里,可放至近一个月,不会坏掉。最单纯的吃法,一是白水煮豆腐;一是凉拌豆腐,如小葱拌豆腐,蒜泥拌豆腐,皮蛋拌豆腐,腌菜配豆腐,可咸可辣,香椿拌豆腐,芫荽拌豆腐,香鲜可口,最普通蘸料是小磨香油和酱油,芝麻酱和辣子油是再上一级,如果用红油腐乳,加腌韭菜花,那是老北京的吃法。只有在三川,清早不偷懒,才能吃上有名的三川调豆腐。也只有在老居民的指引下,才知道哪一家做的豆腐最好吃。真真合乎"热,嫩,滑,香"几字之要旨。逢集才出摊的炸三条腿、豆腐干、炒凉粉也是老三川人的最爱。摊子摆在大队楼院内,很是偏僻,外来人轻易见不到。早上八九点出来,下午一点多就卖光了,有人问为啥不多做些,摊子主人说:除了农活,在家做两天豆腐干,只能卖半天,做不出来呀。吃过三川豆腐,再到别处吃豆腐,只有摇头而已。更不用说县城里的豆腐和市里的豆腐,嚼而无味,石膏满口,古人诗曰:

> 传得淮南术最佳,皮肤退尽见精华。
> 旋转磨上流琼液,煮月铛中滚雪花。
> 瓦罐浸来蟾有影,金刀剖破玉无瑕。
> 个中滋味谁得知,多在僧家与道家。

六、三门峡市陕县西张村镇庙上村

1. 村落概况

庙上村地处黄土高原东部边缘,属丘陵山区,地形地貌有山地、台原、沟壑等;属于暖温带大陆性季风气候,年均气温13.9 ℃。该区域昼夜温差大,适于发展苹果、梨等水果产业;地下水资源多埋藏在冲击的沙层、砂砾石的含水层中,深度12~90米,水量丰富,水质较好。全村面积3244.6亩,人均耕地面积1.67亩,庙上村经济收入以旅游业、种植业、畜牧业为主。庙上村地坑院民居,位于西张村镇政府南1公里处,距三门峡市20公里,最早院落修建于明朝初年,随着时间推移,人口增多,历年又陆续增多,至今有80余座,保护完好。

2. 选址与格局

庙上村地坑院民居位于豫西黄土高原东部边缘,丘陵上去,崤山在陕县由西南向东北绵延。庙上村地形地貌有山地、台原、沟壑等,区域内地势西高东低,起伏较小,多为缓坡地形;植被状况良好,无泥石流、山洪等灾害;村落选址处地势平坦,南部有沟谷,沟谷南部有较高台原,此种选址格局,有利于地坑院修建、村落聚集、雨水排放等,能有效应对大风、山洪等自然灾害。庙上村地坑院民居形成与建造,紧扣社会经济发展的时代背景,其特点为就地取土、挖穴建宅、省工省料、经济实惠、冬暖夏凉、挡风隔音,村落现有地坑院80余座,保存基本完好。"唯有树木不见村,风送炊烟缭绕飞,待看地坑如天井,嬉笑源于穴居人"形象概括了村庄古槐翠绿遮阴,地坑院摆布成局,村民享乐无穷的生活气息。

3. 传统建筑

图 2-15　地坑院鸟瞰图

庙上村地坑院民居,现有 80 余座,连片分布,保存基本完好。庙上村地坑院民居形成与建造,紧扣社会经济发展的时代背景,其特点为就地取土、挖穴建宅、省工省料、经济实惠、冬暖夏凉、挡风隔音,院落一般深 6 米,为长方形或正方形,大小规格有 8 孔、10 孔、12 孔三种院落;地坑院根据宅基地地势、面积,按阴阳八卦决定修建的具体形式院落,确定坐向,要求"正窑后有靠山,前不登空",窑按功能分有主窑、客窑、厨窑、居住窑、牛羊窑、杂物窑、茅厕窑、门洞窑等,门洞旁在槐树,取意"千年松柏,万年古槐",寓意家庭幸福长久、生活安康;绿化方面,遵循"前梨树,后榆树,中间一颗石榴树",寓意顺利、富贵、多子多福等。

图 2-16　地坑院全景

图 2-17　地坑院入口

地坑院是黄土高原上特有的一种民居形式,当地百姓自古以来就有住窑洞的习惯。根据地形可分为长方形地坑院和正方形地坑院,按阴阳八卦确定窑院的坐向。其通常是在平地挖出百余平方米、深约 6 至 7 米的土坑,在四壁凿挖窑洞 8 至 12 孔,上沿四周砌成围墙,俗称拦马墙。在窑院一角的窑洞内凿出阶梯式斜坡通向地面,作为人们进出院落的通道。在通道一旁挖有深 28~30 米的水井一眼,供人、畜用水。院中间挖有渗井一眼,直径 1 米左右,用来渗透雨水和生活用水。院中间栽植梧桐、梨树等树木,因土层深厚,水分充足,树木生长极快,枝叶繁茂。窑院内除人住的主窑、客窑外,还有单独的窑洞作为厨房、厕所、鸡舍和畜圈。窑院内冬季温度在 10 摄氏度以上,夏天保持在 20 摄氏度左右,中午休息还要盖上被子,人们称它是"天然空调,恒温住宅"。窑洞具有坚固耐用、冬暖夏凉、节省资金、挡风隔音、安全防震等特点。因整个村庄位于地平面以下,所以,人们进入村子,只闻人声笑语,鸡鸣狗叫,却不见村舍房屋,"见树不见村,进村不见房,闻声不见人",就是它的真实写照,被建筑专家们称为"世界生土建筑的绝妙之笔"。天井窑院既是游览农村的一大景观,也是考察研究黄土高原民俗和原始"穴居"发展演变的实物见证。

4. 婚俗表演

特色婚俗延续至今已有 100 余年,与以前的社会经济状况及居住环境密切相关,近些年来随着社会发展,年轻人结婚不再采用特色婚俗,但在春节及旅游黄金时期,一直有特色婚俗表演,深受人们喜爱与好评。

图 2-18　婚俗表演：拜堂成亲

图 2-19　婚俗表演：娶亲路上

5. 剪纸艺术

剪纸艺术由来已久，其作品涉及当时生产、生活各个方面，体现了先人，勤劳朴实、热爱生活，追求真善美的性情。近些年来，人们成立了剪纸协会，剪纸艺术作为村里的一项产业，致力于做好"以老带新"，在当地有很高的声誉。

七、三门峡市义马市东区办事处石佛村

1. 村落概况

石佛村位于河南省三门峡义马市义马东区办事处东部，义马市东部15公里处，三面分别与渑池、新安、宜阳三县交界，东经111.58°，北纬34.42°。距洛阳50公里，位于西安与洛阳两大文明古都之间，具有非常深厚的文化积淀。石佛村属暖温带大陆性气候，四季分明，日照充足，年平均气温12.4℃，无霜期118～276天，最高气温达41.8℃。历年平均降水量为666.9毫米，年差极大。风向多东西风，年平均风速3.3 m/s。干旱是石佛地区发生最多的自然灾害之一。地下水质较好，没有受到严重污染，属于浅山丘陵地带，位于秦岭余脉崤山延伸带，总体地势东南高西北低。村域总面积686.80公顷。

2. 沿革

（1）历史沿革

石佛村古称"轵谷"，1949年后更名为石佛。村中绝大多数居民为李氏，间有焦氏等杂姓，据《李氏家谱》记载，"传为元末避乱，始祖从善公从母潘氏，弟从德公、堂弟从道公自亳州亳县顺河湾八里集迁至河南府渑池县治东轵谷村"，是以家族血缘关系纽带兴起的村落。

（2）建制沿革

隋朝以前属新安县管辖，公元605年始划入渑池县管辖，民国31年（1942年）石佛村归属常村乡。1956年，渑池县撤区并乡，石佛村划归渑池县洪阳中心乡。1970年7月，归

义马矿区管理。1981年4月经国务院批准,义马市成立,石佛村归义马市常村乡管辖。1997年常村乡撤乡建镇。2005年,义马市乡镇区划调整,撤销常村镇,石佛村归为义马东区办事处管辖。

3. 重要历史人物

李景阳,字心葵,号太召,生于清乾隆五十三年(1788年),卒于同治元年(1862年),享年75岁,李家大院为李景阳所建。

据史料记载,"邑庠生,议叙武信骑尉,晋封儒林郎布政司经历","性简易,虽素处蓄厚,无骄矜气","虽俭朴,而事涉义举无不乐为"。道光丁未年岁饥,施钱七百余万,府尹萧给匾额曰"义周仁里",邑侯胡给匾额曰"指困高风"。施义塚,里人立石,舍桥梁,近村竖碑,他修理佛殿(鸿庆寺)、建议奎楼、赈贷亲邻,种种善行,难以枚举。

4. 重要历史事件

公元516年,孝明帝路过义马,在千秋仙岩上大建寺院,并刻石诵经弘扬佛法。圣历元年武则天偕同孙女安乐公主再次莅临义马。当他们来到寺院后,无数只大雁云集白鹿山峰,栖息在这座寺院当中。为了纪念这一壮丽景观,一代女皇武则天欣然命笔,将这座寺院赐名为鸿庆寺。并命人重修寺院,再次扩大规模。

据当地百姓传闻,骆宾王被贬浙江临海时,沿涧河而下,至石佛村时,为鸿庆寺的壮丽景观所陶醉,在当地住了几天。他与寺院的方丈促膝谈心,深刻了解百姓的苦难。进而在这里酝酿了讨伐武则天的许多细节,完成了《讨伐曌檄》的初稿。

5. 村域环境

石佛村地处豫西浅山丘陵区,位于秦岭余脉崤山延伸带,总体地势东南高西北低,涧河从村域内自东北向西南方向穿过,并最终汇入洛河。村庄位于整个村域的中北部,北靠白鹿山,南邻涧河。石佛村清代古村落以古围墙为界,依自然山势而建,古村落布局合理,由石窟寺、街巷、民居、古井、古木等组成很有特色的聚族而居的古村落文化景观。背山面水而建,有深奥的古风水含义。

结合石佛村的天然地势地貌,山上种植有经济林、用材林木和药材,主要用材林木有刺槐、国槐、泡桐、杨柳、椿、柏、榆、楝等百余种。经济林有柿子、苹果树、桃树、枣树、核桃树、红果树、葡萄数十种。野生药物有柴胡、黄芩、雪参、桔梗、生地、地丁、茜草、何首乌、杏仁、桃仁、半夏、杜仲等十多种。

6. 村落选址与格局

石佛村整体依山抱势;李家大院与石佛村现村落相得益彰,村落形制与肌理丰富,空间层次相对完整,自然景色浓郁。古村背靠白鹿山,南望涧水河,远眺凤凰山,村庄依山傍水,农田环绕其中,风景秀丽,适合居住。

李家大院在选址上依照中国古代风水学说布局,西部白鹿山有一自然形成的巨大凹处,东侧突出较长,西侧稍短,风水学谓之"左青龙,右白虎",背依白鹿山,南与涧河遥遥相望,涧河之滨为平川良田,谓之"前朱雀,后玄武"。

村庄内沿石佛大街南北向布局,石佛大街东西向贯穿整个村落,南北各院落之间通过巷道进行连接,网格化的街巷布局对整个村落的通风采光都起到至关重要的作用。同时,各个院落布局结合现状地势,自南向北由低到高呈台阶状布置。

石佛古村由李家大院为主组成的民居聚落群,完整地保存有李家大院"五过庭"、李家大院西侧院、李家大院南侧院等十余套几十栋清代古建筑,数量众多,类型齐全。其中,李家大院的五号院、四号院保存最为完整。

7. 鸿庆寺石窟

石佛村的鸿庆寺石窟代表佛家文化,同时是一方水土民俗民风的展示,寺内供奉着佛教诸位神灵,寺内石窟数量虽然不多,但其精美的雕刻艺术实属罕见,具有很高的文化艺术研究价值。

鸿庆寺石窟始建于北魏景明年间,唐代续凿。石窟群现存洞窟5座,佛像120余尊,飞天12个,佛教故事4幅。鸿庆寺石窟具有总体上规制严整,布局适当,设计精巧的特点。其中第一窟当属窟群中的精品。西壁两侧有天幕龛,正中的大型高浮雕"降魔变"更是精华,北壁的"出城娱乐图"乃是研究中国古典建筑难得的历史资料。另外,第二石窟逼真自然的衣饰,第四石窟惟妙惟肖的思维菩萨及供养人,等等,巧妙地将主题、形式与装饰结合起来,充分发挥出娴熟的雕刻技艺和丰富的想象力,堪称北魏晚期雕刻艺术之杰作。2001年被国务院公布为全国重点文物保护单位。石窟正处崤函古道,居历代交通之要冲,对于研究我国北朝晚期、特别是北魏时期佛教文化的发展与繁荣具有重要的参考价值。同时石窟的艺术美也表现了一个时代的情趣,更是弘扬传统文化,普及历史文化知识,激发爱国、爱乡意识的重要场所,也为当地乃至周边地区的群众提供了一个礼拜祭祀的场所。

图2-20　鸿庆寺石窟外观

图2-21　鸿庆寺2号石窟

图 2-22　鸿庆寺 2 号窟丁部的莲花雕刻

图 2-23　鸿庆寺石窟精美石刻

第三章 豫南地区

一、南阳市内乡县岞曲乡吴垭村

1. 村落概况

吴垭村位于内乡县西南部，岞曲乡东北部，东距县城6公里，西距乡政府所在地6公里，地理坐标为东经111°49′，北纬33°03′。吴垭村南距省道S332 1公里，东距内邓高速内乡西站3公里，交通便利。地处南阳盆地西沿，背靠石人山，面对老虎岭，西邻棋盘山，东为马鞍山，坐落在两山之间的垭口上，平均海拔360米，村落东西两边均为深10～20米的山谷，呈现"七山一水二分田"的地形特点，是典型的山区丘陵地貌。吴垭村境内森林资源丰富，森林覆盖率达80.0%，主要有松树、花栎、桑树、油桐以及野果树等。

据现存吴垭村东的咸丰二年《始祖吴公迪元之墓碑》记载，吴氏家族原籍为内乡县城西侧的湍东龙头村堰坡组，乾隆八年（1743年）始祖吴迪元迁居至此，距今已有270年的历史。因全是吴姓人居住在石垭上，故得名"吴垭"（垭指两山之间的高地），至今村内仍全为吴姓人家，同敬一个老祖先。村内现保存民居50多座，石头房93座200余间，占地面积5620平方米，传统建筑80%以上保存完好。保存形态完整的历史街巷4条，古墓地2处，石碑13通（清代8通、民国5通），百年古树10棵（500年黄楝树、300年三杈古柏树和200年金桂树等），农耕实物、民俗用品特别是石器具数以千计。整个民居群宛如一个石头的王国，有着浓厚的石器时代遗风，又被誉为"宛西民俗文化和农耕文明的活标本"。

2. 选址与格局

吴垭村始建于乾隆八年，那个年代兵荒马乱，吴垭的先祖吴迪元迁址于此，是经深思熟虑的。这里偏僻险峻，首先保证了安全。满山树木，满坡荒地，都是资源。他们的坚韧努力造就了活生生的小社会。古老石头房，是昔日苦难生活的印记，但岁月荏苒，它更象征着一种适应自然、改造自然、顽强不屈的精神。吴垭村是具有代表性的中国传统民居村落，反映出宛西山区传统村落和民居的典型特征，也体现了数百年间近现代南阳盆地的风情。

图3-1　吴垭村鸟瞰图1

图3-2　吴垭村鸟瞰图2

3. 建筑文化

建筑文化集中体现在石头房的修建上。吴氏族人充分发挥聪明才智进行伟大创造，以石灰岩、水泥灰岩、白云岩为基本材料，顺应自然，依山而建，随地形和功能的需要，灵活布局，高低错落。有的视山坡的陡缓，分层筑台，在台地上建房；有的在地面不等高的空间，采取屋顶等高而地面不等高的办法建房；有的干脆后墙靠陡峭崖壁，三边以石头砌墙，以扩大使用空间。石头房平面布局依天井的大小呈"凹、日、目"字形三种；大多为院落式的三合院，也有两进院、三进院的。堂屋、卧室、厨房、畜圈、贮藏间等功能不同的空间各有分隔。

石头房大多用木构架承受屋顶及阁楼的荷载（也有全为石柱的），立柱用料不大，柱径20~30厘米的木材即可。墙体有的用毛石块堆砌，也有的用加工精细的石片石砖砌筑，用黄泥巴或自烧的白灰勾缝。屋面将青瓦或片石置于固定在木椽上的斜芭席，上下彼此搭接，互相叠压，使表面宛若鱼鳞兽甲。窗户较小，用石料砌筑的窗户有平拱形、圆弧形等。一尺半宽的石墙全部是由四指厚的片石垒起来的，没有一点儿的泥土和砂灰，可也坚固异常，风刮不进，雨淋不透，火烧不裂，冰冻不酥，不吝于一个人间奇迹。再看，吴垭石头房的整体结构是四合院式，院子较大，正房和厢房互不相连，而不像南方的天井院式，院子狭小，且一圈房子的顶部互相交叉，充分体现了北方民居建筑的特点。最奇特的是，大多数石头房是依山而建，借助山势，有的是上房下院，有的是房院一体，还有的是两房两院呈阶梯状分布，似宫殿一样。值得一提的是，这里的石头全部使用拱形梁，它设在都柱之上，瓜柱之下，梁的拱字形结构减少了瓜柱的长度和重量，把房顶的压力分解到两边的墙壁上，减轻了房顶对柱梁的压力，使房子经久耐用。这种因地制宜，就地取材，与自然环境巧妙结合，建立的一座座造价低廉、古朴简洁、经风耐雨的石头房，联系着旧日的苦难、生活的坎坷，也倔强地透射出悠悠的，和我们悠久民族一样倔强的精神和感情。著名作家周同宾说：古语"蚌病成珠"说得好，牡蛎的痛苦凝成了珍珠，先民的艰苦劳动创造了生动的艺术。中国农民多难的命运造就了坚强的性格、不屈的毅力和无限的精神活动。如今，人们来到石头村，来访古、来寻根。寻访是一种叫人深思、叫人深沉、叫人深远的活力。这对于当前我们大力弘扬培育民族精神，对广大青少年进行爱国主义教育、艰苦奋斗教育和促进内乡县旅游事业的发展都具有十分重要的意义。

图 3-3　吴垭村石头房

图 3-4　吴垭村石头房

图 3-5　吴垭村石头村落

图 3-6　吴垭村石头巷子

4.民俗文化

吴垭村是宛西民俗文化的杰出代表。你无论走进哪家农家院，都会了解到他们的家居文化。年纪大的一家之长住正房，接下来按长幼次序分居于东西厢房，男主外，田间劳作，外出务工；女主内，洒扫庭除，洗衣做饭，相夫教子，三世同堂或四世同堂，其乐融融。细问之下，他们吴家还有家谱，吴姓先人从湍东镇龙头村的堰坡组迁过来，至今已历经十八代。到目前为止，这里仍人丁兴旺，年龄与辈分差别很大，有些白胡子老头还向一顽童喊爷爷，十分有趣。往他们的村后和村东的坟园里看，就会发现这里的人们敬天祭祖，不忘根本。这里的墓前大多都立有石碑，记录着吴垭先祖们艰苦的创业史、高尚的道德观、敦亲睦邻的好风尚和枝繁叶茂的子嗣群。如果把这些墓志全部收集下来串结成集，就是一部生动翔实的吴垭村史。当然，还有大量的石磨、石碾、纺花车、织布机、八仙桌、太师椅等古家具、农具,活脱脱的一个农耕文明村。正是中国传统民居群落的代表,反映出宛西山区传统村落和民居的典型特征,体现了百余年间近现代南阳盆地宛西风情,具有重要的建筑文化、农耕文明和历史遗产的价值。

二、南阳市邓州市杏山旅游管理区杏山村

1. 村落概况

杏山村位于邓州市西约50公里,北邻丹江口水库,与淅川县接壤,东北与中线工程渠首相望,南与湖北接壤,东西长约15公里,南北平均宽约2.1公里,辖区面积约31平方公里,下辖16个村民小组,总人口2100人。

在村庄背靠的山岭上,村庄的北部有一处隔堤寺遗址。相传早年的隔堤寺香火兴盛,游客不绝,它与淅川的香严寺隔江相望。隔堤寺位于杏山村西北部,紧邻朱连山,与丹江口水库隔山相望。村庄人口有25户,101人。所谓"靠山吃山"的谚语在隔堤寺这里得到了最充分的体现。这个只有二十几户人家的村民组的房屋、院墙,多为石片所砌,且不用泥料、白灰等任何黏结物,"附近山上产这种石头,扛着钢钎到屋后山坡上撬一些石头就能砌墙了,这些石头到处都是,没必要再费劲烧砖垒墙了,都是就地取材"。

2. 村域环境

(1)地理位置

杏山村位于杏山旅游管理区西部,豫鄂两省三县(市)交界处,南与鄂孟及老河口市的纪洪镇接壤,北与淅川九重镇毗邻,西与淅川香花镇及丹江口水库相连,东与董营、张岗村相邻。东西长约15公里,南北平均宽约2.1公里,辖区面积约31平方公里,该区地势为浅山丘陵,西高东低,整个区域属长江中下游地区,是南水北调中线工程源头的汇水区。

(2)行政区划

杏山村隶属于邓州市旅游管理区,下辖16个村民小组,分别为隔堤寺、洪水堰、竹园沟、王沟、清泉沟、姚家沟、南沟、刘家沟、一斗泉、白果树、马家庄、申家庄、张家庄、北岗王家、赵坡、舒家庄,总人口约为2100人,480户。耕地面积约为4500亩,人均占有耕地面积2亩左右。村民小组多则数百人,少则几十人。

(3)自然条件

地形地貌。杏山村是一个相对独立的自然地理单元,地形复杂,地貌多姿。地势呈西北高,东南低,依次为构造剥蚀低山、丘陵垄岗,各种地貌相辅相成,共同勾绘园区山川的壮丽景观。村域大部分都处于山地当中,仅杏山村委所在地处于山地边缘。

气候。杏山村地处亚热带向暖温带过渡地带,属于典型的半湿润大陆性季风气候。冬季严寒,夏季较热,春季温暖,秋季清爽,四季分明,雨量比较充沛。年平均气温14.4~

15.7 ℃,极端最高温度 42.6 ℃,极端最低温度-13.2 ℃,最冷月平均气温 2.4 ℃,最热月平均气温 28.4 ℃,≥10 ℃的年积温平均为 5123.2 ℃,年平均日照时数 2121 小时,年无霜期 225~240 天,年平均降雨量 800~1000 mm,但自然降水时间分布不均,主要集中在 7~9 月,基本上雨热同季。

动、植物资源。由于该区域地处北亚热带和北暖温带的过渡地带,自然条件优越,适宜多种植物生长,尤其是北部山区地形复杂多样,垂直高低悬殊,为亚热带和暖温带的各种植物提供了繁衍生存的良好环境条件,植物种类繁多,植物资源丰富。常见的有柞树、杞柳、荆条、酸枣、山楂、葛藤、爬山虎等和草本植物如抓地草、野牵牛、蒿草、各种野菜等。

野生动物种类较多。常见的有哺乳类如狐、野兔、蝙蝠、刺猬,鸟类如斑鸠、燕子、麻雀、布谷、雉鸡,鱼类如鲤鱼、草鱼、鲢鱼、黏鱼、鳝鱼,形形色色的昆虫,等等。

3. 村落选址与格局

(1)村落选址思想、规划布局

村落的选址"背山面屏",隔堤寺背靠山脉,山脊呈西南—东北走向,东面有朱连山与之相呼应,对村落呈环抱状。就我国风水观念而言,隔堤寺是村落选址的最佳之地,具备"背山面屏""负阴抱阳"的格局,拥有得天独厚的自然环境,是择地而居的上好场所,适合人们安居乐业。

(2)村落布局

村落由天然形成的堤、街巷网络、寺庙、民居院落、山体等要素构成,整个布局以隔堤寺所在山脉为背,依山而建,形成背山面屏、巷道交错、院落毗邻相接的肌理形态,体现了人居环境的生态、形态和意态的有机统一。隔堤寺村落格局带有浓厚的儒家文化色彩。其整体格局为:一村(自然村)—堤(村口天然所形成的堤)—寺(隔堤寺)—庵(尼姑庵)—屏(两山岭之间所形成的开阔场地)空间结构形态。从整体来看,村落依山而建,布局紧凑。

"支状形态、有序生长"型街巷空间。街巷是构成隔堤寺村落形态的重要元素,街巷的脉络与走向影响着村落的整体形态。街巷作为村落的公共空间容纳着人们的日常生活、邻里交往等诸多活动,其结构形态体现着人们对街巷功能的各种要求,是村落风貌最直观的表现。街巷通过交往空间建立起来的不仅仅是邻里友谊,还通过巷道、建筑等构成了较为完整的社会交往网络,从而形成居住、生产、生活等多重功能的相互联系的空间组合形式。

受村庄选址、村落形态和建筑布局的影响,村外围的巷道大多顺应山势走向,平面形态自由多变,隔堤寺村落内部的街巷沿建筑之间的院墙铺设,构成多变的公共交往空间。

街道空间的形状特征,体现了村落在长时期的发展过程中,随着人口的蔓延、户数的增加、村落规模的扩大形成的漫长自发但有序的生长过程。街巷空间反映了村落经历不同时期发展所承载的历史遗存痕迹。

主街道清晰的街巷空间体系。街道的空间构成形态与建筑形态密切相关,街巷空间是建筑空间的外部延伸,建筑空间是街巷空间的内聚收敛,二者相互渗透。隔堤寺街巷与山体、建筑有机融合,形成了自己独有的风格。

图 3-7　隔堤寺石屋石碑　　　　图 3-8　隔堤寺石屋建筑

4. 传统建筑

(1) 清乾隆十三年石屋建筑

位于隔堤寺入口不远处,石屋坐西朝东,前后各三间阁楼相呼应,由两侧廊坊连接成四合大院。主房为阁楼式建筑,西厢房两间,门楼一座,全部利用当地石片干砌而成,看起来浑然一体,门前有 26 个拴马桩。当年这户人家有马帮队,生意非常兴隆,光这房子就盖了 5 年,盖好后为检验房屋质量,就用小石磨从房顶往下滚,如果有烂瓦的情况,说明工艺不行。

石屋坚固耐用,几经战火,仍完好无损。据传,在战争年代,朱连山匪祸横行,村中的百姓在石屋中一次次躲过了土匪的烧杀抢掠。

建筑符号多样,建筑本身不但具有居住功能,还兼具防卫功能。

图 3-9　乾隆十三年建筑(院落内部)　　　　图 3-10　乾隆十三年建筑(院落内部)

(2)"二进制"石屋建筑

年代不详,院落布局方式为"二进制",属于典型的小型四合院式。首先,院子在形态上是由四周房舍相围合,外"实"内"虚"构成一对阴阳关系;其次,组合依据"门堂制度",在轴线主导下,次第排列门屋和正堂,再配以两厢,而"门堂"这一主一次又是一对阴阳关系,在等级上有严格讲求。东西厢的配置亦成第三对阴阳关系,以横轴线贯之。而在纵横轴线交织控制院落关系之中,纵为主,横为次,形成第四对阴阳关系。

图 3-11 "二进制"院落空间

图 3-12 "二进制"院落(局部)

三、南阳市南召县云阳镇老城村

1. 村落简介

云阳镇位于南召县东部 35 里处。东与方城县接壤,南连太山庙乡,西邻小店乡,北靠皇后乡;北靠伏牛山,南临宛襄平原,古有"北扼洛阳、南控荆襄咽喉"之称。镇内交通发达,焦枝铁路、省道 331、省道 231 重叠交叉穿镇而过,境内有县级火车站一个、汽车站两个,是南召县的东大门,也是南阳市的北大门,是宛北地区重要的交通枢纽。

老城村位于云阳镇区中心地带,村域面积约为 1.5 平方公里,村落占地 1700 亩。老城村北邻鹿鸣山村,西邻大关,东邻小关,南隔鸭河与山头村相连;过境交通为省道 331(人民路),老城村内主要街巷为育红路、古城路、大马道、南堂街等。

老城村内的商业街是人民路和古城路,尤其是古城路从明朝开始一直作为商业街,居民的日常生活买卖活动多在此处进行。

老城村内古建筑遗址很多,有文庙、城隍庙、关帝庙、南石庙等,分布在云阳镇第一小学、蚕场、河南省蚕业科学研究院、鸡河西岸,这些建筑部分倒塌,但骨架尚存。

文庙前身是楚王行宫,明清两代这里为南召县文庙,建筑面积 7400 平方米,遗存建筑有棂星门、绊池、状元桥 1 座、戟门,东西廊房各 8 间。整个建筑排列在一条南北中轴线上,棂星门为门楼式建筑,戟门、明伦堂为单檐歇山式建筑,其余为硬山式建筑。

城隍庙古戏楼临街,存古建筑 3 间,乾隆四年(1739 年)石碑 1 通。占地面积 315 平方米,砖瓦结构,两层,保存完好。

南召县衙现为南召县第二高级中学,古建筑全无,仅存石碑2通,有"南召县衙"石刻1块。

南石庙道观位于古城南侧0.5公里的鸡河西侧,规模较大,建筑别致,环境静雅,香火旺盛,颇具名声。

关帝庙位于河南蚕业科学研究院,古庙拆除后,蚕场在旧址上新建了办公大楼,并在办公大楼三层设有关帝殿堂,供奉有铜塑武官帝像。

2. 选址与格局

(1)村落选址思想

我国大多古村落为实现村落的合理持续发展,提倡与自然景观整合为一体,选址多遵循"背山、面水"的模式,意在构筑理想的人居环境,从而形成相对独立的生活空间。拥有得天独厚的自然环境,是择地而居的上好场所,适合人们安居乐业。

(2)村落格局描述

"背山、面水"的自然格局,"一城一河四庙两街"的村落布局。

老城村村落格局带有浓厚的古城色彩。以老城为聚落中心的都城,呈方形建置,布局十分规整。古城内有东西三条街,南北三条街道。城外五道防线,即古城墙、古护城河(沙沟河)、拦马寨、山寨、关隘,老城为古县城首府,中华人民共和国成立后改名为老城。村落内有护城河、城墙、文庙、城隍庙、关帝庙、南石庙等要素,老城村背靠鹿鸣山,面向鸡河、鸭河,形成背山面水、巷道交错、院落毗邻相接的肌理形态,体现了人居环境的生态、形态和意态的有机统一。整个布局呈现出"四周护城河、中部一条古街、多十字形交叉街巷"的方形格局行制。其整体格局为:一城(南召古县城)一河(村口天然所形成的堤)四庙(文庙、城隍庙、关帝庙、南石庙)两街(古城路、育红路)空间结构形态。从整体来看,村落依山面河而建,布局紧凑。

受村庄选址、村落形态和建筑布局的影响,村外围的巷道大多顺应山势走向,平面形态自由多变,老城村村落内部的街巷沿建筑之间的院墙铺设,构成多变的公共交往空间。

街道空间的形状特征,体现了村落在长时期的发展过程中,随着人口的蔓延、户数的增加、村落规模的扩大形成的漫长自发但有序的生长过程,街巷空间反映了村落经历不同时期发展所承载的历史遗存痕迹。

3. 传统建筑

(1)文庙

文庙是祭祀孔子的地方,也是讲学之所,故名"孔庙",又称"文庙"。为现代教育、历史研究提供了重要的实物资料。该地文庙于明成化十三年(1477年)由南召首任知县张珙创建。后经明、清两代多次重修,直至清乾隆十一年(1746年)学官创建完备。庙址位于南召老城西北隅,占地7400平方米。现有老房舍28间,及状元桥、明伦堂等古建筑。

庙内现有古柏两棵,石碑两通,其中《文武官员军民人至此下轿下马碑》文物价值较高。现存古建筑为晚清建筑,作为"云阳一小"校舍,是南召县的重点文物保护单位。

图3-13 文庙(楚王行宫)全景

图3-14 文庙状元桥

文庙自南向北分别有照壁、甬道、棂星门、泮池、戟门、大成殿、明伦堂,其中照壁和大成殿已毁。房舍殿堂布局雅致,建筑精湛,宏伟高大,富丽堂皇。

(2)城隍庙戏楼

城隍庙戏楼位于云阳蚕场招待所,始建于清光绪年间。原城隍殿已经倒塌,现仅有戏楼1座。此楼坐南朝北,面阔3间,进深1间,为硬山式建筑,上有灰筒子瓦覆盖,前有8条石柱,上刻对联两幅。现为南召县的重点文物保护单位。

(3)南石庙

南石庙位于云阳镇鸡河西岸,始建于北宋,仅有石庙1座。明代扩建,清初至乾隆年间又5次增修。民国初年被毁,仅存殿堂4间。现在为南召县道教中心,房舍扩建到数十间,修塑圣像16尊,为南阳地区重要的道教圣地。

图3-15 南石庙(外景)

图3-16 南石庙(建筑群)

(4)关帝庙

位于河南蚕业科学研究院(原北城墙根),正殿3间,高脊挑檐,上安鲲鲸吞脊兽头,级别极高,到此庙观瞻祭祀的多为官宦名士。古庙拆除后,蚕场在旧址上新建了办公大楼,并在办公大楼三层设有关帝殿堂,供奉有铜塑武官帝像。

图3-17　关帝庙(大门)

图3-18　关帝庙内建筑

4. 云彩灯

云彩灯自清朝乾隆十五年(1751年)由汝宁府(今河南省汝南县)传入南召后一直流传至今。因其画面优美,含意美好而受到群众的喜爱。1955年2月,该舞蹈作为中南地区优秀民间舞蹈,参加了全国第二届民间音乐舞蹈观摩演出大会。周总理看后热情地赞叹:"朵云、片云、五彩云、云后雨、雨后龙,象征着大自然的丰收。"

云彩灯是南召县云阳镇人民喜闻乐见的民间舞蹈,具有一定的美学价值、娱乐价值和欣赏价值。其表演形式是八个人,四男四女,每人手执二灯,初上场以小横步至台前,相继作顺灯(转圆圈)、揭地皮、单折、双折、单折带、双折带、满折、盘龙(正龙、倒龙)对莲、里五花、外五花等队形画面,以形容云的动荡,由轻轻飘动到激烈飞行。该舞最后对字,从前对字是"天下太平",现在对字是"大干四化",并逐渐演变为"风调雨顺""国泰民安""和谐社会"等。2008年被列为南阳市第一批非物质文化遗产项目。现为省级非物质文化遗产。

四、驻马店市确山县竹沟镇竹沟村

1. 村落概况

竹沟村隶属于河南省确山县竹沟镇,位于确山县城西32公里的伏牛山、桐柏山余脉交错的小盆地内,竹沟河由北向南蜿蜒而过,省道S334路、新(蔡)(泌)阳高速公路横贯全境,距新阳高速竹沟出入口不足1公里,交通十分便利。竹沟素以"簧竹茂盛"而得名,五千多年来,竹沟村一直是人群集居的地方,又是东西南北毗邻县区交通要道和商业中心,因其紧邻竹沟河,故谓之竹沟村。

竹沟村是竹沟镇政府所在地,是全镇的政治、经济、文化中心,从古到今是东西交通要地,东达京广铁路,西通南阳、襄樊,历来是兵家必争之地。明末修筑的竹沟寨墙,四周垛口接连,为屯兵要地,今存遗址。延安街为正街,连接东西寨门。在清咸丰年间,竹沟商业兴盛,山西、陕西客商同乡联谊合力发财,合力修建的山陕会馆,位于延安街北侧。抗战时期,竹沟是中共中央中原局和河南省委所在地,刘少奇、李先念、张震、彭雪枫等老一辈无产阶级革命家曾在这里战斗、工作、生活和学习过,是新四军二、四、五师的发源地,素有"小延安"之称。

竹沟村下辖8个自然村,分别是竹沟村、小王庄、中王庄、大王庄、范庄、石桂庄、段庄和张楼。村域内总的村庄占地面积为约62.6公顷,在竹沟村内,集中反映村落保护价值的重点地段面积约为42.1公顷,集中在竹沟自然村的延安街一带。

竹沟村属温带大陆性季风气候,雨热同季,四季分明,冷暖适中,雨水充沛,全年平均气温15 ℃,年际气候变化不大,盛行风向为西北风。适于多种动、植物生长繁衍。植被属华北落叶阔叶林类型,主要植物地方物种有竹子、杨树、槐树、柳树等,主要粮食作物有小麦、大麦、水稻、黄豆、红薯、高粱、玉米、谷子等,经济作物有烟叶、中药材、板栗、红梨等。在众多的植物资源中,竹沟烟叶是竹沟镇的名优特产,栽培种植已有多年历史。竹沟村为全国最大的半支莲、白花草、夏枯球等中药材种植基地。动物主要是村民饲养的家禽动物,有牛、猪、羊、鸡、鸭等,野生动物有刺猬、野鸡、野猪、野兔、大雁、蛇等,水生动物有鲤鱼、鲢鱼、鳙鱼、草鱼、青鱼、鲫鱼等。其中较为出名的养殖动物为绵羊和黑猪。

竹沟村位于丘陵地区,北部为浅山、丘陵地形,其余为平地。竹沟自然村落位于村域中部偏南,地势平坦,海拔约158米。竹沟村地处秦岭—昆仑山纬向地质构造带东段,地层分区属秦岭地层区。出露岩层有混合片麻岩层、火山喷发岩层、石英岩层、煤系地层区黏土层—亚砂土岩区、花岗岩区。属六度地震烈度区。境内地质情况良好,无不良地质灾害。地下水资源丰富,北部有一座中型水库——竹沟水库,周围及山坡上植被较为繁茂。1975年曾发生洪水灾害,原竹沟水库在特大洪水中垮坝,导致水库下游大量房屋受损。1997年年底完成竹沟水库复建工程,其设计防洪标准为50年一遇,校核标准500年一遇。

2. 沿革

(1)历史沿革

竹沟素以"簧竹茂盛"而得名,具有悠久的文明历史。对此,《汝宁府志》及三种版本的《确山县志》都没有记载。但是从考古发掘出来的大量文物,足以证明竹沟村与中华民族的文明史是同步的。

从竹沟镇西400米处两座土丘(竹沟遗址)下出土的石镰、石刀、石箭头、陶制纺轮及夹沙红陶鼎等文物可以断定,早在新石器时期这里就有人类聚居活动。五千年前这里已是人类定居点;从竹沟东南西北寨门附近陆续出土的大量陶瓷残片、铁镢、瓦片、钱币等文物,表明从春秋战国时期、秦、汉至宋,这里都是人群集居的地方。

五千多年来,竹沟虽历经沧桑,却一直是汝、宛之间陆路交通枢纽和商业中心,据《确山县志》载,"确山,春秋为道国,战国属楚,秦属颍川郡,西汉时置朗陵县",竹沟属之;东汉时属安昌县,隋时属朗山县,宋时属确山县,明成化十三年(1477年),置有巡检司,是确泌桐边区的军事据点;明末清初,竹沟与明港同为豫南两大"戎镇"和"驿站"。明末修筑的竹沟寨墙,四周垛口接连,是统治阶级屯兵要地,今存遗址。明、清之间,河南捻军及白朗起义军都曾抵竹沟一带,也可说明竹沟所处地理位置的战略作用。

（2）建制沿革

竹沟在中华人民共和国成立前属石滚河乡,中华人民共和国成立后,属确山县第二区,1958年建社为竹沟公社,1983年设乡,1988年撤乡建镇。

1989年7月1日,竹沟镇被河南省政府核定为全省15个历史文化名(城)镇之一。

1994年,竹沟镇被河南省文化厅命名为"河南省历史文化名镇"。

2000年,竹沟镇被驻马店地区行署确定为"驻马店市改革发展建设综合试点镇",为市级重点镇。

2002年,竹沟镇被河南省建设厅命名为"中州名镇"。

2005年,竹沟镇入围"全国百家红色旅游经典景区"。

2008年10月14日,竹沟镇被中华人民共和国住房和城乡建设部、国家文物局公布的第四批"中国历史文化名镇"。

2013年8月26日,竹沟村被列入住房城乡建设部、文化部、财政部联合公布的第二批中国传统村落名录的名单。

（3）修建沿革

明末修筑的竹沟寨墙,四周垛口接连,东寨门楼上书"遏群丑",西寨门楼上书"固吾圉"。现竹沟村仍保留着明成化十三年(1477年)形成的老街(现名延安街)550余米,为传统民居风格。

在竹沟商业发展的兴盛时期,山西、陕西客商同乡联谊合力修建山陕会馆。山陕会馆始建于清咸丰年间,位于延安街北侧,会馆总占地面积7000平方米,建筑面积5200平方米。

1938—1939年,竹沟是中共中央中原局、中共河南省委驻地,1956年其旧址建有竹沟革命纪念馆,1958年在镇北约里许,建有革命烈士陵园。1988年10月,竹沟革命纪念碑落成。

1997年在竹沟村北部修建了蓄水量达1120万立方米的中型水库——竹沟水库。竹沟水库的建成起到了防涝、防旱、调节气候、改善环境的重要作用。

1997年竹沟镇进行集镇整修,投入20万元,对道路、通信、供水、供电、卫生等公益设施进行配套完善,硬化主要街道,建了4个专业市场。

2007年9月28日,新泌高速公路建成通车,在竹沟镇设置了出入口,并修建了竹沟站。2007年年底竹沟革命纪念馆至竹沟革命烈士陵园的"丰碑路""沿河路"全部拓宽并绿化。

3. 重要历史人物

竹沟是革命根据地之一，被誉为"小延安"。1926年就建有共产党组织。1938—1939年中共中央中原局、河南省委、竹沟地委、竹沟县委先后在这里设立，刘少奇、李先念、彭雪枫、王国华、朱治理等老一辈无产阶级革命家曾在此战斗、工作过。党组织在竹沟通过多种形式，在这里培训了大批党、军、政干部。先后有4800多人从竹沟被输送到各地革命队伍，成为新四军二师、四师、五师的骨干力量。周恩来题写馆名的竹沟革命纪念馆，以及国家主席李先念题写碑名、国务院副总理、国防部长张爱萍将军题写园名的竹沟革命烈士陵园，分别被列入国家重点文物保护单位和国家重点烈士纪念物保护单位，成为全国著名的德育教育基地。

4. 重要历史事件

早在第一次国内革命战争初期，共产党员李畔林就在这一带宣传马列主义，撒播革命火种。1927年，竹沟人民普遍建立了红枪会等群众革命组织，参加了由张家铎、杨靖宇、李鸣歧等领导的确山农民运动，竹沟为创建党所领导的我国最早的县级农工政权之一——确山县临时治安委员会，为党组织的发展做出了重要贡献。

第二次国内革命战争期间，由于党内"左"倾路线的错误领导和国民党反动派的血腥"围剿"，豫南地区的党组织也遭到了严重破坏，在这艰难的关头，以张星江、王国华、仝中玉、周骏鸣等同志为首，组成了鄂豫边省委，创建了红军游击队，开辟了以竹沟为中心的豫南桐柏山区根据地，成为南方八省十四处游击战争的一面红旗，为策应红军主力长征，在中原地区建立抗日根据地奠定了坚实的基础。

1937年8月，红军游击队改编为豫南抗日独立团，中共鄂豫边省委改为中共鄂豫边特委，1938年1月又改为豫南特委（机关设在竹沟镇），后改为竹沟地委。为进一步巩固扩大竹沟抗日根据地，在中共豫南特委领导下，竹沟、确山、信阳、汝南、正阳、泌阳等地纷纷成立"青救会""妇救会""农救会""商救会"等抗日救亡组织，豫南人民的抗日救亡运动开展得如火如荼，蓬勃发展。竹沟"妇救会""商救会"尤为活跃，当时《新华日报》曾为此作名为《活跃的竹沟镇》的专题报道。

党中央、毛主席非常重视竹沟在中原的战略地位，指派彭雪枫任河南省委军事部长，到竹沟主持全面工作，原临汾"八办"（八路军驻临汾办事处）参谋长张震也到达竹沟。1938年1月，由于周恩来在武汉与国民党谈判为抗日独立团争得了合法地位，在竹沟，彭雪枫和张震协助豫南特委将豫南人民抗日独立团整编为新四军第四支队第八团，由周骏鸣任团长，林凯任政委，赵启明任参谋长。1938年3月29日，已扩大到1300多人的"八团"奉命开赴皖中抗日前线，后来发展成为新四军第二师的力量。八团东征后，在竹沟则设立了八团留守处，彭雪枫、王国华等以留守处名义，创办了延安"抗大"式的竹沟军政教导大队，为河南乃至中原地区培训各级抗日军政干部。同时，坚决贯彻党中央、长江局关于大量发展党员的指示,为豫南党的工作打下坚实基础。

1938年6月,中共河南省委由开封迁到竹沟,主要成员有书记朱理治、组织部长陈少敏、军事部长彭雪枫、宣传部长王兰西、青年部长谢邦治、群工部长吴祖贻等。省委在竹沟的一年半时间里,一切工作以抗日为中心,使党组织得到迅速的恢复和发展,曾直辖9个地委、32个县委和4个县工会。举办了军政教导大队、党训班、青年队及电台、机要、卫生、司号、供给、妇女等各种专业训练班,培训的军政干部和各种技术人才达3000多人。特别是省委军事部长彭雪枫,于1938年10月1日率370多人的游击支队誓师东征,纵横驰骋于豫、皖、苏边境一带,后来发展成为新四军第四师。

军政教导大队,在一年多的时间里,共举办四期培训班,培训学员1400余人,为各抗日根据地输送了大批骨干力量。

1938年,李先念被任命为中共河南省委军事部长。1939年年初,他和省委书记朱理治共同主持召开了豫鄂边区抗日根据地军事干部会议,会址在竹沟北面的一座砖窑里,会上决定组建新四军独立游击大队,由李先念率领80多名干部和一个中队组成的游击大队,南下豫鄂边一带,与在武汉外围活动的陶铸会合,逐渐发展成为新四军第五师。

河南省委在竹沟不到两年的时间,做了大量的工作,使豫鄂边区抗日根据地在孤悬敌后,日伪顽夹击的艰难险阻环境下,逐步巩固和壮大起来。大发展时期,跨越豫、鄂、皖、苏、赣五省交界地区,成燎原之势,对武汉形成战略包围,同时又为鄂豫皖、豫皖苏、豫东等地培养了大批军政干部和输送大批新四军骨干队伍,对赢得抗日战争的伟大胜利做出了重要贡献。

1938年党的六届六中全会决定在竹沟设立以刘少奇为书记的中共中央中原局,委员有朱瑞、朱理治、彭雪枫、郑位三等,统一领导长江以北的河南、湖北、安徽、江苏地区党的工作。中原局在竹沟期间,为适应中原敌后抗战形势的发展,竹沟新四军留守处和中原局、豫鄂边区党委机关不断扩大,并继续组建抗日基干队伍,输送到中原敌后开展游击战争,仅1939年1月至11月就向鄂豫边区和苏皖地区派出7批部队,达3000多人。开办教导大队和党训班及电台、机要、卫生、司号、青年、妇女等专业训练班,为中原敌后培养党的军政干部和技术干部;同时,在竹沟创建了中原印刷厂、医院、被服厂、修械所等后勤保障机构,从延安来的大量的文件、书刊和军政干部,都经竹沟送到敌后,竹沟在当时被人们誉为"小延安"。

中原局在竹沟短短一年的时间里,正确贯彻了中共中央六届六中全会精神,高举抗日民族统一战线的旗帜,坚持独立自主的原则,放手发动群众,积极开展敌后游击战争,使竹沟成为我党在中原地区发展的重要基地和战略支撑点,为夺取抗战的胜利做出了卓越的贡献。

竹沟的政治宣传和文化活动也极为活跃,先后成立了抗日救亡服务团、指晓剧团、孩子剧团、歌咏队,创办了印刷厂、《拂晓报》《小消息报》等,对坚定革命信念、鼓舞抗日斗志都起到了巨大的作用。

竹沟的发展和在革命中的重大作用,引起国民党反共顽固派的极端仇恨。1939年11月11日,国民党顽固派纠集重兵对竹沟发动突然袭击,惨杀抗日军民200余人,制造了震惊中外的"竹沟惨案"。

"竹沟惨案"的发生,激起了全国抗日军民的极大愤慨。毛泽东、朱德、刘少奇、张运逸、朱理治、彭雪枫先后发表演讲和通电,谴责国民党顽固派的罪恶行径。《新中华报》《抗敌报》《拂晓报》等报刊先后发表文章和社论,对国民党顽固派进行揭露和抨击。毛泽东在延安讨汪大会上严正指出:"对于那些敢于闹'平江惨案''确山惨案'的人,对于那些敢于破坏边区的人,对于那些敢于打击进步军队、进步团体、进步人员的人,我们是决不能容忍的,是必定要还击的。"

"竹沟惨案"是国民党反动派掀起第一次反共高潮的前奏,它的发生,不仅使我党抗日军民200多人惨遭杀害,党组织和民众抗日武装力量受到严重损失,而且使豫皖苏、豫鄂边区抗日根据地失去了可靠后方,信阳四望山根据地,在竹沟失守后因三方受敌也于1939年12月被迫放弃。这是以蒋介石为首的国民党反动派在抗战期间破坏抗日民族统一战线犯下的又一滔滔罪行。从此,竹沟的革命斗争转入地下,继续顽强地坚持斗争,直到取得抗日战争和解放战争的完全胜利。

5. 村落选址与格局

竹沟位于确山县西32公里的伏牛山、桐柏山余脉交错的小盆地内,竹沟河由北向南蜿蜒而过,省道S334路、新(蔡)(泌)阳高速公路横贯全境,距新阳高速竹沟出入口不足1公里,交通十分便利。

图3-19 东寨门外竹沟河

图3-20 竹沟遗址

竹沟历史悠久,五千多年来,竹沟村一直是人群集居的地方。起初,由于河岸竹林茂密,过往商人、行人等多在此驻足休息,进行简单物品交换及商品交易,逐渐发展形成一定规模。后来,商人经商地转移,部分落户于当地,房屋为其后代所有,形成集镇。

图3-21 东寨门

图3-22 东寨门城墙

村落保存着自然街道的肌理,历史上贯穿东西寨门的延安街为主要交通要道,至今仍保留着较好的建筑景观风貌,交通功能则转移到北部200米左侧的334省道上。村落典型的明清风格民居建筑集中在中共中央中原局旧址及延安街两侧,村内仍有大量明清风格建筑遗存,但大多较为破旧,居民仍在居住使用,房屋建筑质量不高,较多的民房已翻新改造,但整个村落街道的肌理及风貌犹在,亟须保护。

6. 传统建筑

(1)确山竹沟革命纪念馆

1938年11月,党的六届六中全会决定撤销长江局及书记王明的职务,设立中共中央中原局,刘少奇任书记,朱瑞、朱理治、彭雪枫、郑位三等为委员,指导长江以北、陇海线以南河南、湖北、安徽、江苏四省的敌后抗战,中共中央中原局的指挥机关设在竹沟。

中原局成立后,刘少奇、李先念等同志从延安来到竹沟工作。中原局坚决贯彻执行党的六届六中全会的精神,高举抗日民族统一战线旗帜,坚持独立自主的原则,放手发动群众,壮大自己的力量,积极开展敌后游击战争,很快打开了豫鄂皖苏敌后抗日斗争的新局面,使竹沟成为我党在中原地区发展的重要阵地和战略支撑点。竹沟也因此被誉为"小延安"。

1939年10月,由于抗战形势变化,刘少奇率领中共中央中原局机关离开竹沟,向新四军江北指挥部转移。

确山竹沟革命纪念馆位于确山县竹沟镇延安街,占地5200平方米,筹建于1956年,1958年1月开馆,由周恩来题写馆名。1988年1月被国务院列为全国重点文物保护单位。1997年5月被河南省委、省文物局等部门联合命名为河南省爱国主义教育基地,2002年被河南省人民政府定为全省国防教育基地,2005年被中央办公厅、国务院命名为全国红色旅游经典景区,2006年被共青团中央命名为全国青少年思想教育基地。

确山竹沟革命纪念馆包括中共中央中原局旧址、中共河南省委组织部旧址、中共河南省委宣传部旧址、中共河南省委军事部旧址、新四军四支队八团队留守处旧址、刘少奇办公室旧址、李先念办公室旧址、彭雪枫办公室旧址、张震办公室旧址、朱理治办公室旧址、拂晓剧团旧址等旧址房屋66间。其中刘少奇办公室旧址、李先念办公室旧址、张震办公室旧址保留了原貌,是青砖小瓦、承梁启架的清朝咸丰年间建筑。

图3-23　延安街

延安街长525米,古民居主要位于竹沟镇延安街两侧,为明清时期山西、陕西来此经商所建,为山西、陕西民居风格,青砖灰色小瓦,重梁起架,八砖扣顶,硬山屋脊,木门木窗,房屋有雕刻的盘头修饰,现大都保存良好。

图3-24　中共中央中原局办公室

图3-25　刘少奇同志办公室

图3-26　徐海东同志办公室

图3-27　彭雪枫、李先念同志办公室

(2)竹沟革命烈士陵园

1959年10月,确山县委、县政府成立了竹沟革命烈士陵园筹备委员会。年底陵园开工兴建。1962年,一期工程完工。1963年10月1日,时任国务院副总理的李先念为竹沟革命烈士陵园题词:"继承烈士遗志,高举革命大旗,为共产主义事业奋斗到底。""文革"期间,陵园受到冲击,二期工程停建,1978年,经省主管部门批准,开始复建,新建了大门,增砌了围墙,修缮了所有建筑物。1982年12月,全园修葺如新,陈列就绪,正式对外开放。1988年,为迎接中原局成立50周年,陵园得到进一步完善。

1986年10月15日,被国务院批准为第一批全国重点纪念烈士建筑物保护单位。1993年5月,被省委宣传部、省委高校工作委员会、省教委确定为河南省中、小学德育教育基地。1997年5月,竹沟革命烈士陵园被省委宣传部、团省委、省委党史研究室、省教委、省旅游局、省文物局联合命名为河南省首批爱国主义德育基地。

竹沟革命烈士陵园依山傍水,坐北向南。陵园大门是一座仿古牌楼式建筑,门楣上方镶嵌着原国务院副总理张爱萍亲笔题写的"竹沟革命烈士陵园"园名。沿大门两侧是1500余米随山势起伏的石砌围墙,园内苍松翠柏,郁郁葱葱。园内建筑呈对称布局。从大门中心至山顶为一中轴线,沿中轴线向上仰10°左右的水泥坡道到陵园中心广场,两侧依次对称分布办公室、接待室、职工宿舍和一对展厅。两幢展厅占地面积340平方米,黄色玻璃瓦镶檐,乳白色墙体。两展厅展线长110米,东展厅是"竹沟惨案"和竹沟革命烈士生平事迹陈列。邓厅正中悬挂着巨幅李先念的题词。正厅内"竹沟渗案"的立体景观配以声、光、电等现代技术,生动形象地展现出东方即明、烽火连天、竹沟军民奋起反击国民党顽固势力血腥屠杀的惊心动魄的战斗场景。同时,以图片为主配以文字说明的形式,详细介绍了部分著名烈士为革命抛头颅、洒热血、视死如归的英雄业绩,以及8000多名革命烈士的英名录。西展厅是竹沟革命斗争史陈列室。序厅正中悬挂着毛主席题写的"星星之火,可以燎原"八个大字,正厅陈列以竹沟抗日根据地斗争史为主线,侧重介绍了在竹沟工作过的省、部级以上的60多名老干部和在70多名将军的事迹与简历。

图3-28 竹沟烈士陵园大门

图3-29 竹沟革命烈士陵园(烈士墓冢)

图3-30 竹沟革命烈士陵园(竹沟革命纪念碑)

山顶广场中央的竹沟革命烈士公墓,呈浑圆覆盖形,由本地产优质灰色花岗嵝岩砌成。烈士公墓周围由全县人民精心栽种的松柏树,均已成林。在烈士公墓北边山坡上,还建有竹沟革命纪念碑林。

7. 非物质文化遗产

(1)确山打铁花

确山铁花又叫打铁花,是仅存于河南省确山县的大型民间传统焰火,与全国各地的打铁花表演均不相同,文化内涵十分丰富,独具中原特色,先后被河南省人民政府和国务院公布为省级和国家级非物质文化遗产,并获国家专利。

确山铁花是农耕时期流传下来的大型民间传统焰火,形成于北宋,鼎盛于明清,至今已有千余年的历史。它源于古代民间金属冶炼和道士们的炼丹术,也是北宋以来中原道教和民间金、银、铜、铁、锡等工匠共同祭祀"太上老君"的活动。

图3-31 铁花表演全景

图3-32 铁花表演之巨龙翻飞

确山铁花目前在全国各地都有表演,重点演出地点在确山县城和竹沟村。在竹沟村,每逢过年过节,都有打铁花表演,一般都在东寨门外军事训练场处。打铁花有一定的危险性,对表演者的技术要求很高,将铁水打得越高越散才好,一般周围留有30米的安全距离。军事训练场宽敞平坦,紧邻竹沟河,周围无多层建筑,非常适合进行打铁花表演,观看者可从寨门城墙上、河公路桥上以及河对岸等多处观看。

打铁花目前仍以活态方式传承,传承人已开始组建铁花表演队,举办铁花培训班,进行传承活动。确山铁花表演队多次应邀赴首都北京、省会郑州、古都开封、黄帝故里新郑、烟花之都浏阳等地表演。多次获民间艺术表演金奖、特别金奖,被誉为"中华第一铁花"。中央电视台、河南卫视等全国数十家新闻媒体和全国互联网各大网站多次予以报道。

(2)竹沟革命民间歌谣

竹沟革命民间歌谣伴随着确山县悠久的革命斗争历史产生并流传至今。从大革命时期至解放战争时期,各个时期的革命民间歌谣均有流传,有些至今仍在传唱。歌谣内容有歌颂党和领袖的,有歌颂人民军队的,有赞颂英雄人物的;有揭露地主恶霸、鬼子汉奸、反动军队和反动政权欺压人民群众的;有叙述发生在确山境内重大事件的;有反映人民群众喜怒哀乐生活情趣的;等等。表现了人民群众的真实情感,记录了有关竹沟各个时期波澜壮阔的革命斗争场景、人物、事件,折射出共产党领导人民群众进行革命斗争的光辉历程。竹沟革命民歌不仅是革命文化的遗存,更是非物质文化遗产中一颗璀璨的明珠,对弘扬革命文化、传承革命传统有着十分重要的意义。

竹沟当地在二十世纪八九十年代会演唱革命民间歌谣的人很多。随着岁月的更替,当年的演唱者多已去世。如今,在世的传承人仅杨士英一人,现年81岁,身体健康。她出身贫苦,自幼学习传唱了很多竹沟革命民歌。二十世纪四五十年代,她跟着长辈们及在革命老区孤山冲内驻扎的新四军、解放军南下工作队和土改工作队学会了很多革命歌谣,并经常演唱。现在,她虽然年事已高,还能演唱十余首竹沟革命民歌,演唱的《新四军和老百姓生死两相连》《别让鬼子再猖狂》《红缨枪》《连大嫂诉苦》《打花棍》等入选县、市、省歌谣卷。2009年,确山县竹沟革命民歌被驻马店市人民政府认定为市级非物质文化遗产项目,杨士英被公布为代表性传承人。

由于早些年对传统民歌的重视不够,再加上现代歌曲的流行,乡村年轻人对传统民歌的兴趣减少,渐渐地会唱民歌的人越来越少。而且这些民歌大多是口头传唱,大量的民歌都很少有曲谱记载,传承人杨士英年事已高,尚未发展其他传承人,对竹沟民歌的保护和发展非常不利。

五、驻马店市西平县杨庄乡仪封村

1. 村落概况

国家级传统村落仪封村位于驻马店市西平县杨庄乡南部,西邻洪河支流万泉河,北靠345国道和杨庄滞洪区,南面是伏牛山向东延伸的卧龙岗,东面是发源于卧龙岗中段的柳堰河。仪封村距离西平县城和遂平县城的距离均为 25 公里,属于西平和遂平交界处。

图 3-33　万泉河(西护城河)

图 3-34　柳堰河(东护城河)

传统建筑主要集中在仪封村,仪封村现有 1300 户,5300 人,仪封村民居建设目前仍处于相对无序状态,房屋虽然大量翻新扩建,但传统街巷肌理尚存。新建建筑与改造建筑多为现代风格,破坏了古村落原有风韵;部分传统风貌建筑因年久失修、保护不当破坏严重,但整体保护较好,体现了传统村落的古朴气息。

2. 重要历史事件

元始二年(公元 2 年),汉平帝赦旨在仪封修建封人见圣祠。竖"夫子停辙处"碑。封人见圣祠被后人誉为簧庙。

武德四年(公元 621 年),窦建德与李世民决战于仪封,兵败死于母猪峡。其鼓舞士气使用的大铜器流落于仪封,流传至今。同年,在封人见圣祠西侧建中岳行宫。

康熙五年(公元 1666 年),仪封人赵之瑁捐地 30 亩,重修位于封人见圣祠西侧的中岳行宫,西平知县沈荣作《仪封镇中岳行宫记》褒奖之。

康熙二十七年(公元 1688 年),河南巡抚、大中丞闫兴邦奉旨同少司徒、少司马等会勘荒地,道出仪封乡,谒见圣祠,恻然悯之。捐资命署西平事上蔡县令杨廷望主持重修封人见圣祠,在祠左侧建闫公书院,书院中设义学亲督课之。并亲作《重修封人见圣祠记》。

康熙二十八年(公元 1689 年),河南学政按察司副使王际有到仪封和闫公书院督察办义学情况。时仪封镇义学达 36 处,王际有兴奋不已,遂作《闫公书院碑记》,记义学盛况。

道光六年(公元 1827 年),西平知县李德林命邑人赵成博主持,筹资重修封人见圣祠,并请诸府台,将大中丞闫兴邦、巡道袁公、遂平县令孔弘衍所捐 300 余亩祭田作为祠田。次年,亲作《重修封人见圣祠碑记》纪念此事。

民国十六年(公元 1927 年)10 月 2 日,中共党员谢华生、赵捷三、赵西亭、赵辉山等在仪封北门外小庄赵西亭家里召开会议,成立了中国共产党西平县第一个支部——仪封党支部,谢华生任支部书记。

3. 选址与格局

仪封村传统村落的山水格局和整体环境特色价值突出,体现了我国古代村落选址、择地而居的传统形制,是研究古村落环境学、生态学的重要样本。村落山水格局十分清晰突出,具有重要的整体性价值。

(1)三面环水

仪封村处于伏牛山余脉的平原地区,古文献《宅经》中记载:"人之居处宜以大地山河为主,其来龙气势最大,关系人们祸福最为紧要。"仪封村北依洪河,东、西有柳堰河与万泉河环绕,正是傍水而居,三面环水的"风水宝地",处处体现了人们关注周边环境,与自然和谐相处的理念。

从仪封村发现的孔子文化等遗址的分布来看,由于古时人类科技水平较低,生活取水困难,所以仪封先辈们最早紧邻万泉河与柳堰河而居。但是西部与东部地势低洼,遇到汛期常受水患侵扰。随着时代的发展和科技水平的提高,仪封先辈们开始打井取水,同时将居住地迁往了中部高处,也就是今天仪封大街所在的位置。仪封村的选址反映了人类科学发展的进步历程,同时也是人类适应自然环境、改善生活水平的重要印证。管子说,"非于大山之下,必于广川之上,高毋近旱而水用足,下毋近水而沟防省",正是仪封村村落选址的真实写照。

(2)贯彻天人合一理念

仪封村不仅在空间山水格局上有独特价值,同时"林—水—田—居"的景观风貌也凸显了中原传统村落在宏观整体环境上的特色。这种传统的村落选址与农业生产与生态景观三者之间的关系十分和谐,村民就近耕种,引水灌溉,现在这种利用周边农田耕作发展的传统生产方式依然延续,是传统格局环境的优势所在,是对生产生活的延续的贡献。

4. 传统建筑

仪封村传统建筑均为民居建筑,建筑年代为清末、民国及建国初期。主要建筑构造为砖木结构。

从平面图上来看,传统民居同样是以"一正两厢"为基本形制,院落住宅是围绕"院"进行布置,院落大致包括正房、厢房,一般来说,正房位于宅基最后端,左右两厢房对称,轴线明确,主从有序。反映了传统思想中尊卑得宜的礼制秩序。

仪封村传统建筑结构多以砖木结构为主,建筑材料为青砖、木材、石材等。基础与下槛墙以青石垒砌,青砖灰瓦顶,砖雕和木雕精美别致,大部分建筑结构坚固,设计风格独特,保存完好,是典型的明清时期传统民居的代表。

图 3-35　仪封村传统建筑（正房）

图 3-36　仪封村传统建筑（偏房）

仪封村传统民居建筑的装饰朴实简洁，很少见到华丽的装饰构件。除了门窗构件，建筑的外表面没有多余的颜色，青砖和木材保留材质本身的颜色和纹理。建筑装饰主要在窗洞、屋门、门枕石等部分体现。

建筑窗洞以矩形为主，另有圆形和拱形。格栅的花格样式多种多样。二层建筑开窗多上下层对齐。

大部分屋门采用的都是简易的双开木质板门，屋门主要由门枕石、猫洞、门框、门扇、亮子组成。当地的门根据门上有无亮子进行分类，分为有亮子和无亮子两种形式。

门枕石表面不加繁杂的雕刻装饰，开采后的青石经过錾凿表面，形成一行行的纹理，一些讲究的人家门枕石正面以"福"字纹样雕刻。

仪封村民居中，几乎家家为一院一树的院落格局，树为果树，夏秋时节果实累累，树荫蔽日。基于传统建筑风水理论"藏风聚气说"的影响，后墙、山墙不设窗。

图 3-37　仪封村传统建筑（院落）

(1) 黉庙古建筑群遗址

早在东周时期,仪封人就在王三官三难圣人处立"夫子停辙处"碑,纪念孔子路过仪封和在仪封讲学。西汉末年,根据汉平帝旨意,仪封人在孔子讲学的万泉河西岸修建了封人见圣祠,每年孔子的生日农历八月初三和忌日农历三月初八,都要举行祭孔典礼并起庙会祭奠孔子。清康熙二十年(1681年),河南巡抚大中丞闫兴邦奉命同少司徒、少司马会勘荒地至仪封镇,慕名到封人见圣祠拜谒孔子,捐银重修封人见圣祠,一如文庙之制。同时,在祠旁建闫公书院,捐祭田200亩,招收出类拔萃者到学院深造,并亲自授课。学生毕业后不需参加乡试,可直接赴省进京参加科举考试,被人们誉为"黉庙"。后来,又相继修建了广生祠、崇圣祠、舜帝庙、玉皇阁、华严寺、闫公书院、黉门碑林、古柏林等,形成了庞大的黉庙古建筑群和独具风格的仪封孔子文化,代代相传,影响深远。

图 3-38 黉庙大殿柱基

(2) 东、西寨墙遗址

清咸丰年间重修的仪封古城,外城墙南北长1.4千米、东西宽0.8千米,总长4.4千米,内城墙长3.2千米,均高约6米。北城墙为砖石建筑,其余为夯土墙。双城墙双护城河,内外城共有四座城门(北门"仪封镇"、南门"中火寨"、西门"望瑶池"、东门"迎紫气")。内城墙的四个角均建有炮楼。现在,西城墙和部分东外城墙遗址尚存,西城门遗址尚存。

5. 非物质文化遗产

(1) 孔子办学圣地

据《史记》记载,公元前490年,62岁的孔子离开蔡国去叶国,叶公曾问政于孔子。当年孔子又离开叶国返回蔡国。因仪封为蔡国至叶国必经之地且有其学生之故,孔子在往返途中曾两次路过仪封,并在仪封西北部风景秀丽的隐水河畔设坛讲学。当时,仪封一带有14人拜孔子为师,听孔子讲学,并负责孔子及其弟子在仪封居住时的衣食住行。孔子在仪封设坛讲学时,负责守卫和管理仪封的地方官封人曾拜见孔子。这件事在《论语》

一书中是这样记载的:"仪封人请见,曰:'君子之至于斯也,吾未尝不得见也。'从者见之,出曰:'二三子何患于丧乎!天下之无道也久矣!天将以夫子为木铎。'"从这句话,我们可以看出当时仪封人对孔子的信赖和敬重。

据考证,大思想家、大教育家孔子在仪封设坛讲学的年代是鲁哀公五年,即公元前490年,距今已经2500多年了。河南省孔子学会认定河南西平仪封为"孔子办学圣地"。

封人见圣祠被评定为河南省非物质文化遗产。

（2）西平大铜器

隋朝末年,农民起义军领袖窦建德率军转战至仪封,筑城称王。战败身亡后,其用于指挥作战和激励士气的大铜器流落于仪封一带,世代传承,成为民间庆典祝寿和欢度节日的娱乐工具。明清年间至今,镇域内村村都有大铜器,并有狮子、高跷、龙灯、花车、旱船、秧歌等民间舞蹈伴舞,表演起来热闹有趣。2008年,以仪封为代表的西平大铜器被列入国家重点非物质文化遗产名录。仪封北街大铜器和民舞传人赵尊奎被评定为河南省首批民间艺术传承人。

（3）仪封农民画

北宋晚期,宋徽宗赵佶绘鹰钦赠仪封赵氏宗族,全镇遂兴起绘鹰之风。千百年来,仪封村绘画之风日盛,成为闻名全国的书画之乡。改革开放后,仪封的农民画家们背着画板走遍全国各地,既饱览了祖国的大好河山,又增加了收入。近年来,仪封农民书画院先后在仪封、西平县城、省会郑州举办了7次仪封农民美术和书法展览,每次展出作品都在150幅以上,前往观赏者络绎不绝。中央电视台、《河南日报》、河南电视台等20多家新闻媒体对仪封农民画进行了报道。现在,仅仪封街就有美术、书法、剪纸、雕刻、摄影爱好者200多人,并拥有一批国家级、省级美术家和书法家协会会员。龚自强的梅花,王自有和王付安的虎,王泉海的鹰,崔玉山的花鸟字,张明亮的牡丹,赵华东的油画,高殿清的剪纸,魏发林、赵东坡、袭铁矛、尚清明的书法,均有较高造诣,在县内外颇负盛名。

（4）仪封戏剧文化

仪封是河南省豫剧、曲剧、越调三大剧种发源地之一,是著名的戏剧之乡。

早在元代,昆曲传入仪封,人们就成立了仪封昆曲戏班,唱红豫中南地区。镇西4里田庄人李好古创作的杂剧《巨灵神劈华岳》《宋太祖镇凶宅》《张生煮海》《风卷乌龙潭》等杂剧等传唱至今,时与元代伟大剧作家关汉卿齐名。明代,仪封出现了锣戏,传至民国年间消亡。

据《中国豫剧大辞典》记载,清道光初年,已有梆子戏班在仪封演出。道光二十八年（1848年）,仪封人成立了自己的梆子戏班,常年在周边各县演出,演员小喜饰演包公,唱腔极宏亮,若巨雷,曾震掉房上之瓦、树上孩童,有"震掉瓦""震天雷"之美誉。

民国初年,大调曲子即在仪封盛行,各村均有会哼唱者。后十多名曲剧艺人组成地摊戏班,走街串村演出。1926年,仪封曲剧戏班首次登高台演出,开全省曲剧登高台演出之先河。

1882年，一越调地摊戏班从西平县到仪封演出，次年，在仪封招收一批青年演员，更名为仪封越调戏班，并于当年农历三月初八庙会上，首次把越调搬上舞台演出。民国初年，越调著名演员、仪封南街人尚云亭接任仪封越调戏班班主，并对越调唱腔、表演程式和伴奏乐器进行改进，使越调这一艺术形式日趋成熟。1950年8月，仪封醒民剧社由西平县人民政府接管，更名为西平县越调剧团。申凤梅、毛爱莲等分别被淮阳地区和许昌地区请走，牵头组建了淮阳地区越调剧团和许昌地区越调剧团。淮阳地区越调剧团后更名为周口地区越调剧团，然后又更名为河南省越调剧团。从仪封走出的申凤梅和毛爱莲均成为闻名全国的越调表演艺术家和越调大师。

六、信阳市光山县文殊乡东岳村

1. 村落概况

东岳村位于大别山北麓、淮河南岸；为鄂豫皖三省交界地带，属河南省信阳市光山县文殊乡的一个行政村，全村总面积11.25平方公里，共39个村民组，980户居民，3810人。位于北亚热带向暖温带过渡地区；属北亚热带北部季风性湿润半湿润气候；气温日差在5~14℃之间，年平均气温约15.4℃。气候冬寒夏热，四季分明，无霜期平均224天左右，冬季雨量较小，夏季雨水集中，伏旱较长，年均降雨量为1027毫米左右；素有"江南北国、北国江南"之美誉。此地接大别山余脉，恰处丘陵地带，土壤以黏土为主，适宜植物的生长，农业种植主要以水稻、小麦为主，兼种油菜、花生、芝麻、红薯、蔬菜、茶叶等经济作物；林业主要栽植速生杨、杉、柳、槐等树种；已查明植物种类达500余种，野生动物170余种，森林覆盖率达37%以上。全村凸显山绿水秀、鱼米之乡、物埠粮丰之景象。主要自然灾害有旱灾、水灾和雷电灾害。元代以前，村民依山水地势、渡口等开田园，进行着生产生活，元末战乱时一片荒芜。明初，村民由江西省大规模迁徙至河南省光山县落户……全村以农业种植为主，改革开放后，剩余劳动力外出务工，形成劳务产业，有的创业成功，被列入"成功人士"，村内种植、养殖专业大户不断涌现，年产值10万元以上的户办羽绒加工企业层出不穷，形成地方的特色龙头产业。

2004年6月至2009年6月，分别被中共光山县委、中共信阳市委、中共河南省委组织部授予"先进五好村党支部""全市五好村党支部""全省五好村党支部"。2011年5月，被中共河南省委宣传部授予"全省先进基层党校"。2013年6月，被中共信阳市委、信阳市人民政府授予"市级文明村镇"。

图 3-39 东岳村文化中心

2. 沿革

(1) 历史沿革

东岳村在尧、舜、禹到夏商时期属扬州之域;西周时期属弦之封国领地;春秋为曾国迁地;战国时期弦被楚并吞,属楚国;秦时属九江郡;汉归江夏郡正阳县;三国时期属魏国领地;晋时属弋阳之光山县;隋、唐、宋、元、明、清时期隶属河南省布政使司光州县。

(2) 建制沿革

1911 年至 1931 年,光山由区、保、甲改为区、联保、保、甲,全县 8 个区,东岳村属第三区。

1912 年 1 月至 1929 年 1 月光山县政府仍沿袭清代旧制,属光山县所辖;1931 年 3 月初,光山赤卫军解放了文殊乡东岳村一带,同年 5 月,中共陈棚区苏维埃正式建立,6 月,又建立了杨湾乡苏维埃。

1912 年至 1927 年,东岳村隶属下湾里(区),花杨保,第三甲(村民组)。

1927 年秋至 1942 年 7 月,东岳村隶属光山县第三区(罗陈),第八联保,办事处设在陈上湾。1942 年,光山撤销了区、联保、保甲制,建立了乡、保、甲制。全县设 15 个乡和 1 个镇。因此,1942 年 11 月底至 1949 年 8 月,东岳隶属文殊乡第八保。

1949 年 10 月,东岳隶属文殊区所辖;随着全中国被解放,取名苏维埃农民协会,东岳的全称叫东岳乡,乡政府设在杨家湾,辖王岗村、东岳村和翁湾村的一部分。

1951 年 7 月,东岳乡划分为"王岗乡"和"东岳乡"两个小乡。东岳乡政府设在李家祠堂。

1955 年秋,将一年前建立的"互助组"(三户五户组成)扩大到"农业生产合作社"(三至五个自然村联合建立),又称"初级合作社";当时东岳小乡管辖两个"群英农业生产合作社",即"群英一社""群英二社",一社称东岳,二社称杨窑。1955年冬至1956年秋,农业初级社转为高级社。

1957年3月,王岗、东岳合并,改称东岳乡,乡政府设在向湾,乡下辖九个农业高级社(集体农庄),即:一社东岳、二社杨窑、三社翁湾、四社花山、五社大塘、六社王岗、七社壮山、八社杜槐、九社梁棚。1958年6月底,乡、农庄一律转为"人民公社",原来的高级社(农庄)改称为大队。1957年秋,东岳大队又被划分成立两个大队党支部,即东岳大队、杨窑大队。

自1958年秋开始,东岳大队就隶属"新弦人民公社"。一个多月后"新弦"解体,组建了"文殊人民公社",公社机关设在文殊街上。东岳大队又隶属"文殊人民公社"。

1962年春,文殊公社被解体,在南王岗建立小公社,下辖东岳、王岗、大塘、花山、翁湾、壮山、梁棚、杜槐、杨窑等9个小大队。

1963年3月,撤销王岗小公社,又(恢复)合并到文殊公社,原来的翁湾、东岳、杨窑3个小大队合并一起,改称"东岳大队",办公室设在方店。目的是纪念名刹东岳寺。

1982年秋,全国农村改革,取消公社制,改称乡政府,大队改称现在的村委会,东岳大队改为"东岳村",隶属文殊乡人民政府管辖;1986年11月,光山县委、县政府将文殊乡东片7个行政村划归为一个经济区,全称叫"光山县文殊乡南王岗管理区",1988年7月南王岗管理区被省政府正式批准为"南王岗乡"。2005年12月,河南省乡镇机构改革,又将南王岗乡与文殊乡合并一起,东岳这个行政村又隶属文殊乡辖区。

(3)修建沿革

当地士大夫为了进一步弘扬佛教"净居寺天台宗"精神,于明朝永乐十一年(1413年)十月,在寺北4公里选择"五虎拜佛"地带新建了一座支系庙宇,命名为东岳寺;明代建立的东岳寺风格:一是将儒、释、道三教合一;二是侧重纪念东岳大帝;三是继承和发展了净居寺的教法——天台宗经典《法华经》。整个寺庙为三进四合院格局,砖、木结构,古朴典雅,大门朝南,分布为大雄宝殿、东岳大帝殿、观音殿、东、西厢房,中殿及东、西厢房,下殿、偏房连接大门楼,共计23间。殿堂屋顶四周博脊翘爪,屋兽昂首,栩栩如生;走廊及庙内四壁,布满雕梁画栋、飞禽走兽、花草瓜果等彩绘图案,殿堂中供奉形态各异,大小神像计25樽。

清同治年间,寺庙创新发展,主持和尚在寺院内办起了学校,培养人才;庙僧还用细线穿一个水瓢挂在东岳寺的井边,供古商道行人(又称跑汉口商贾)取水解渴,服务百姓;后来人们把寺旁的这口解渴井叫作"四方井"。清末民国,东岳寺饱经历史之战乱,宇内菩萨塑像曾遭破坏,但寺房主体建筑保存较完整。

中华人民共和国成立后,为纪念净居寺的这个支系庙宇——东岳寺,把寺旁新成立的行政村叫东岳村(当地人又称东岳寺村);把寺旁新建立的村级小学叫作东岳小学。

2005年,在党的宗教政策指引下,东岳村民间多方筹资160万元,重新修葺了东岳寺,在仿古专家的指导下,修缮之部位坚持了"修旧如旧"的原则,恢复了部分历史原貌。

3. 村域环境

东岳村位于大别山北麓、淮河南岸;地接大别山余脉,恰处丘陵地带,自然地势为东西两方高,中间低洼流水的景观,山洼土质肥沃,适宜植物生长,农业种植主要以水稻、小麦为主,兼种油菜、花生、芝麻、红薯、蔬菜、茶叶等经济作物;植物种类500之多,林业主要栽植松、杉、柳、槐、速生杨等树种;野生动物有170余种,随着林业植被的不断恢复,野猪、野兔、野鸡、豺、狼、刺猬等野生动物经常出没在山间田野。森林覆盖率达37%。良好的生态环境成就了人与大自然之间的和谐之美。全村凸显山绿水秀、鱼米之乡、物埠粮丰之景象。

东岳村境内田林路网,错落有致。一条古商道酷似中轴线,纵贯村境南北,新中国成立后,已改建为闸晏公路,村子的西南角有一人工湖名叫东岳湖(下),它的下游,左青龙、右青龙两条古河流交汇后注入村东龙山河水利枢纽,龙山河原属古老小潢河的一段河床,水资源丰富,为古人捕鱼提供了方便。

4. 选址与格局

东岳村古村落的选址大致分为三种情况。

一是房屋背后靠山聚居而形成的村庄。如:唐洼、陈洼、大黄洼、小黄洼、高庄、涂洼等。

二是房屋面向河流或久小冲而建立的村庄。如:方店、杨湾、肖大湾、磨桥等自然村民组。

三是聚居街道而组建的村庄。如:夏店、杜槐、王岗等村民组。

聚居建房的形成原因如下:首先,古人凭借地势、山势抗风寒,防暴雨,故有房屋依山而建的道理;其次,临水或面向渡口建房聚居的,是为了方便生产、生活,水源是人类赖以生存的条件;最后,聚居街道是为了方便商品交换,发展商业。

东岳村境内田林路网,错落有致。一条古商道酷似中轴线,纵贯村境南北,新中国成立后,已改建为闸晏公路。村子的东方有一座高山叫"小泰山",明代建有城墙,筑有围寨。寨墙部分完整。《易经》云:泰山为"五岳"之首,东方是太阳升起的地方,按五行属木,四时属春,五常为仁,八卦为震,星宿为苍龙,故被古人誉为"紫气之源,吉祥之地"。这里有山有水,气候温和,适宜人居,古村落已就自然形成。

村内地势为东西两边地势高,中间地势低,因此河流主要集中在村子的中央,最后汇入村东北角的水利枢纽——龙山河里。村北为战国时期鲁班指点"红石"开采加工区,就地形成纪念鲁班的街道。在村内古商道的中央,分布着鲁班石拱桥、东岳寺、四方井等公共建筑设施。李先念旧居坐落在村中部的杨湾组(方店自然队),陈少敏旧居坐落在村南的熊洼组。全村整体风貌保存较完整。

5. 传统建筑

东岳村共有 13 处文物保护单位,保存完好的历史建筑面积达 7260 平方米,完好率 90% 以上。近年,村集体对杨湾村民组的李先念旧居、方店村民组的传统民居、东岳寺、鲁班街等 6 处文物单位进行了修缮和重点保护,累计完成了 3090 平方米的古建筑修复和 22000 平方米的周边环境治理。

这些古建筑群及古建筑点构成和支撑了东岳村的空间框架,体现了东岳村的特有风貌和文化底蕴。这对豫南地区明、清时期的历史、文化、宗教、艺术、经济等诸多方面的研究都具有深远的意义。

(1) 李先念旧居

李先念旧居,位于光山县文殊乡东岳村杨湾村民组中段。坐标东经 114°,北纬 31°。坐西北朝东南,旧居房屋的东北方与村民吴泽贵房屋界邻,西南是岗子路,房子前面为池塘,后面为山岭竹园。池塘外埂为东岳村的主干道路——水泥公路,此干路与闸晏公路贯通,仅相距 1 公里。北 22 公里为宁西铁路,东北 17 公里为 312 国道,西距鸡公山风景区 102 公里,南距武汉 240 公里,东距京九铁路 17 公里。

旧居为清代砖木结构的豪华大宅,二进四合院格局,主房和到厅均为五架抬梁穿斗式建筑。主房共 7 间,两侧各有偏房两间,主房对面是到厅,到厅中间为一虎头高昂门楼,这间门楼恰好把 6 间到厅均分为两份。原民宅主人因与继承人分开居住,又在长方形院内建有一处隔户墙,意即两户共用一个大门楼外出,大院分为两户,各自拥有一个独立小院。占地面积 315.9 平方米,建筑面积 214.5 平方米。

7 间主房的结构独特,彰显豫南民居的典型建筑风格,两份主房(左 4 间、右 3 间)均为同样的五架抬梁式穿斗架结构的瓦房,布局为三明两暗的硬山墙。柱高约 4 米、架长约 3.2 米,廊檐为重檐,廊檐水平宽度约 1.4 米。每间主房的前墙上方有一个同规格的拱券,主房屋脊上采用出檐建筑,房顶并配装有瑞兽,此房为当时经济地位显赫的人士所建造。

到厅(一进)矮于主房(二进),每间径深小于主房,宽与主房一致,两份到厅外墙均为包青墙,院内为土坯墙,室内均为三架套五架结构,每根木柱高约 3.5 米左右,上端全为木椽檩、灰瓦覆盖。

据调查,杨湾李先念旧居房屋始建于清朝嘉庆十九年(1814 年),原为方靖明(当地秀才)所建。方秀才升官远离家乡,1907 年杨紫如(现居户杨德申的祖父)将方靖明秀才的一套 7 间大豪宅(含主房、到厅、门楼和大院)买下作为 3 个儿子(长子杨松柏、次子杨刚吾、三子杨昆甫)的住宅;1951 年,杨紫如父子划定为"地主"成分,其五大财产分别没收归公,田地被分配给穷苦农民耕种,陈华甫的父亲陈胜荣(当时长工)也分得 1.2 亩久水田和 3 间到厅,……杨紫如的 7 间主房被没收归公作为"东岳中心乡"的办公室,一直到 1969 年 10 月,因国家体制变更,撤销"东岳中心乡"建制,东岳中心乡办公室由乡集体作价售给陈华甫和杨德申,并居住至今。

图 3-40　李先念旧居及其附属建筑全景

图 3-41　李先念旧居内部图解

(2)杨广坤旧居

杨广坤旧居兴建于清代末期,占地面积约 920 平方米,其中古建筑面积 420 平方米,正房面阔 5 间,三进格局,共有主房屋 15 间,主房坐北门朝南,均为梁架式砖木结构。二进、三进均为长方形院落,门楼为青砖雕花式高昂门楼,门上槛为花岗岩制品,三层木制雕花基本保存完好,外墙镶嵌防匪自卫的火枪射口,上檐饰有彩绘,门楼与过厅之间为一"天井"院落,屋脊飞禽走兽,栩栩如生;二进房的东边设计有千余平方米赏花园。新颖别致的古建筑,至今保存完整。杨广坤具有哲人雅仕"先天下之忧而忧,后天下之乐而乐"的风尚,曾两度赴湖北省请来巧匠,传授烧陶、制瓷技术,兴建陶、瓷作坊,利用当地黏土、高岭土资源,建立了驰名中原的杨家窑、肖家窑;至今村内杨湾、肖洼还保存有古瓷窑址、烧陶窑址。东岳村制陶技术流传至今。

图3-42 杨广坤旧居门楼

图3-43 杨广坤旧居侧面照

(3) 李氏祠堂

李氏祠堂坐落在东岳村的西北角,脱离村民组而独自伫立在久水田中央,坐北朝南,是前后两进,四合院落,二进(主房)后面为储藏室、伙房等。李氏祠堂占地面积为760平方米,其中古建筑面积620平方米,主房面阔5间,主房前面为门楼和厢房,门楼坐落在厢房的中央并高出两边厢房1.2米。主房的左右则分别是东西厢房各3间,为清代青砖松木结构,梁架式灰瓦单檐建筑,彰显了地方特有风格。

图3-44 李氏祠堂大门口

图3-45 李氏祠堂侧面照

(4) 陈氏祠堂

村北的陈氏祠堂属于明末清初古建筑,占地面积1740平方米,其中古建筑面积为657平方米,坐北朝南,中轴为三进正堂。陈氏宗祠为豫南常见的清初抬梁式建筑,同时又受北方抬梁式建筑影响,建筑有其鲜明的地方特征。

正厅面阔五间,通面阔18米,通进深36.5米,走廊为圆门,正厅为七架结构,前后弓三进;二进5间,二进、三进均为长方形小院,两边各有砖灰瓦边房2间;二进中间大厅为圆形门,7级青石条台阶,正厅前墙两边为六边形雕刻花窗,房檐为雕刻花纹,门前有石鼓,石鼓正面有花纹雕刻,门楼青砖墙明显高出两边房屋,青砖墙门的两边有两个大石墩,边沿有波浪纹;门前有一对古石狮子。2009年,在党的宗教政策指导下,陈氏家族同心协力，自愿筹资92万元进行修缮，仍采用穿斗抬梁式砖木结构模式，修葺并保存了完整的清代雅房21间，古文化气息浓郁。

图3-46　陈氏祠堂正门

图3-47　陈氏祠堂二进圆形拱门

（5）净居寺

东岳村传统建筑群极具特色。建于村南3.5公里的净居寺，占地11000平方米，现存古建筑面积3740平方米。寺的主体建筑为大雄宝殿，亦称大佛殿。面阔5间，进深3间，为九架砖木结构。殿内金柱24根，硬山顶、单檐、檐柱6根，每根檐柱上方有额枋，额枋为阳刻人物纹式木雕；有30扇花格扇门，格扇门的上方有15扇花格扇窗。大雄宝殿东西厢房各5间，为砖木结构。东厢房为驼峰斗拱式典型的明代建筑结构，西厢房为清代建筑。

净居寺大门东西厢房亦属砖木结构，东西各3间为天王殿，中间过路间为韦陀殿。寺的中轴为三进，分佛殿、东西两院。沿中轴线，游人从山门前的台阶直上，顿感步步高升。佛殿院两侧是碑廊，院内走廊纵横，前后左右迂回可通。

图3-48　净居寺的后拍全景

图 3-49 净居寺内景

(6)东岳寺

东岳寺是净居寺的支系庙宇。建寺于明代永乐十一年(1413年),目的是继承和发展净居寺的教法——天台宗经典《法华经》,其次纪念东岳大帝,将儒、释、道三教合一。

东岳寺占地面积7916平方米,其中古建筑面积达1020平方米(主体建筑的正殿、厢房面积为506平方米)。东岳寺与净居寺寺院布局类似:齐整、美观、大方,整个建筑设计都是"三高两矮"式的房屋。东岳寺山门为风火墙,大门、东西厢房属砖木结构,东西各三间为天王殿,中间过路间为韦陀殿;东岳寺的主体建筑为大雄宝殿(亦称大佛殿),系清代建筑,面阔五间,进深三间,为七架砖木结构;近年,大雄宝殿已整修一新。

图 3-50 东岳寺大门

(7) 肖洼、王窑、李庄、曹染坊等古民居

该地古民居建筑均为豫南传统民居风格，即三明两暗，或一明两暗，或三明一暗(带包合房一间)，主房为架柱抬梁式结构，出檐防雨，上顶为椽檩、土瓦覆盖，独门私院，以一户(家庭)为基本单位。有的农民经济条件差或为了节俭，把山墙或前后墙用土坯墙来代替青砖，仍具有地方特色。

一般各就地式建房，背后靠山(岗)，面朝大池塘或久水冲。群聚而居的农民分层建房，即第一、二、三、四排平行建房，既节约土地又美丽大方。尤其肖洼，20世纪50年代为三个大门楼、马头墙，整齐划一，主房全为青砖灰瓦覆盖，七架或五架结构，山墙上镶嵌有砖雕、花字图案或造型图案，以彰显主人之高贵。现部分门楼已毁，但仍保留有山墙及主体建筑。

(8) 鲁班街民居

相传，东岳村北端的红石(橄榄岩)开采始于战国，到了唐宋时期，红石(橄榄岩)得到大规模雕刻、凿制，主要加工成石碾、石磨、猪槽、门枕等生活、生产用具，鄂豫皖三省农民皆到东岳村北鲁班作坊购买石质产品，当时产销两旺，十分火爆。就在这一时期，部分石匠和商人暂时定居在鲁班石器作坊旁边，方便生产或选购石质产品，逐渐形成一条新街道。因这条新街道的旁边生长着一棵合抱粗的杜槐树，是个特殊标志，人们又通常叫它"杜槐树街"。

此街道起初建造的是临时房，后来改为永久性砖瓦建筑。街长300余米，街道宽约6米，共有110余间房，传统建筑面积2200平方米；房样多为"一明两暗"或"三明两暗"或"三明两暗加包盒"的包青瓦房，全为廊檐式出水，遮挡风雨。街道主房建筑与方店传统村落主房建筑雷同，不同特点是：①绝大部分无院落，方便经商；②把后墙、山墙的包青改用红石块砌墙，既防风雨侵蚀又防潮湿。

6. 非物质文化

光山花鼓戏是由地方民歌、小调、花会、舞蹈逐步演化而成的，受人口迁徙及江西弋阳腔的影响，并融合楚剧、黄梅戏唱腔，吸收汉剧、曲剧的艺术特点，逐渐形成了独具一格的剧种。迄今已有二百余年的历史。它的形成大致经历了花会玩灯、打龙船、二三对、地灯、花鼓戏五个阶段。

光山花鼓戏的艺术形式独特。音乐由唱腔和打击乐两部分组成，唱腔丰富，曲牌稳定；伴奏以打击乐为主，间或演员接腔。表演人物，行当齐全，讲究唱、念、做功。道白分3种：一是韵白；二是口白，采用土语乡音，类似家常用语；三是数板道白，多为丑角采用，语言幽默风趣。演出时，一人多角，一专多能。为便于流动演出和接待，每个戏班演职员仅7~10人。舞美简而不俗，繁而不乱，脸谱根据不同人物进行刻画。演出剧目丰富，有连台戏、单本戏和杂曲等多达二百余部。

1952年，光山县组建花鼓戏剧团；1953年，文殊乡东岳村翁行凡等自编自演的花鼓

剧《夫妻观灯》，经逐级筛选后，代表中南区到北京中南海怀仁堂参加全国首届音乐舞蹈大赛，并获金质奖章；1956年，新编传统戏《假报喜》参加河南省第一届戏剧会演，荣膺演出二等奖和其他单项奖；"文化大革命"开始后，撤销光山花鼓戏剧团编制，人员解散，原整理的花鼓戏资料丢失殆尽。到了21世纪初，花鼓戏老艺人相继辞世，再加上民间演出收入较低等原因，光山花鼓戏的传承、发展陷于窘境；自2004年起，在上级宣传、文化等部门大力支持下，文殊乡（原南王岗乡）东岳村致力传承民间花鼓戏艺术，扶持戏班，补助经费，鼓励艺人收徒传艺，多途径保护这一非物质文化遗产。

目前，文殊乡已发展到花鼓戏班9个，其中东岳村就有2个；地灯戏班15个，其中东岳村就有6个；皮影戏班11个，其中东岳村就有3个；庆典乐队10个，其中东岳村就有3个；大鼓曲艺队12人，其中东岳村就有2人。东岳村另有狮子舞、旱船舞、龙舞、竹马舞等民间花会表演队13个；农民兼职演员120余人。花鼓戏和民间花会，除在本县演出外，农闲时还到河南、湖北、安徽、江西的部分城乡演出。

光山花鼓戏已于2007年2月被河南省人民政府列为第一批河南省省级非物质文化遗产名录。自2006年12月起，东岳村所在的文殊乡先后被命名为"信阳市民间特色文化花鼓戏基地""河南省文化工作先进乡镇""河南省民间艺术之乡""中国民间文化艺术之乡"。这些成绩的取得，主要是东岳、王岗、翁湾、陈棚等行政村民间艺术发展的结果。

2009年，信阳市人民政府公布第二批市级非物质文化遗产名录时，全市共64项，东岳村就占了8项，这8项"非遗名录"分别是狮子舞、旱船舞、皮影戏、闹台锣鼓、竹马舞、光山大鼓（曲艺）、东岳寺的传说、东岳寺二龙戏珠的传说。2011年7月8日，《中国曲艺》邮票首发式在光山举行，东岳村艺人张德齐表演的光山大鼓、雷厚华表演的花鼓戏、袁龙春表演的狮子舞等剧照，均被印入国家邮票方寸，流传大江南北。自2007年后，魏桂香、李德英被命名为光山花鼓戏省级传承人；管荣启、雷厚华、袁龙春、李贤华、向芳奎、吴泽娥、杨泽安、陈功保、陈良银等被命名为信阳市级传承人。

2013年2月，光山县人民政府公布光山县第一批县级非物质文化遗产名录时，东岳村的传统戏曲——光山地灯戏，民俗——东岳寺庙会这两项又被列入县级"非遗名录"。

七、信阳市新县八里畈镇神留桥村丁李湾村

1. 村落概况

八里畈镇神留桥村位于八里畈镇的西北部，辖11个村民组，总人口1876人，地处泼河水库上游，西北与光山县泼河镇毗邻，东南距八里畈集镇3公里，交通便利，地势平坦。丁李湾属神留桥村的一个自然湾，分为丁李湾一、丁李湾二两个村民组。

丁李湾属浅山丘陵地带，降水量季节分布不均，雨量逐年减少，降雪量也逐年减少，年均降水量1277毫米，以夏季最多，达505毫米，占全年降水量的40%以上，雨量集中，

强度大,易形成低洼地带水打沙压、倒埂崩坡等洪涝灾害。土地肥沃,适宜水稻、小麦、花生、油菜等农作物生长,植被丰富,森林覆盖率达80%以上。

2. 沿革

据碑文记载,丁李湾始建于元末明初,距今有700多年的历史。相传因李姓无嗣,抱养丁姓外甥,其后人居住此地,得名为丁李湾。兴盛于清朝乾隆时期,闻名于清朝道光年间,直至民国时期仍有"新集城(今新县县城)一圈,不如丁李湾一湾"的说法。2002—2003年河南省广泛搜集民间名胜古迹,挖掘民间旅游资源,丁李湾因其丰厚的文化底蕴,2003年被河南省定为民俗民居村。2012年经过国家住建部专家进一步挖掘,以其悠久的文化内涵及文化保护价值,被专家确定为国家级传统村落,并于当年底被确定命名。

3. 村域环境

丁李湾属浅山丘陵地况,土层浅,多为土石丘陵,山脉无固定走向,山上植被丰富,是大别山区典型的多样性植被覆盖区,处在泼河水库上游,村域内虽然没有大的河道、干流,但小支流分布很多,水资源丰富。

丁李湾古村落具有典型的明清古建筑特点,每套建筑设正堂三间,厅房(客厅)、倒厅、左厢房、右厢房融为一体,共一门楼。每套门楼周围刻有"兽"守护的门碑,室内正堂四角装饰有银铃,素有"雕梁画栋"之壮举,庄园四周城墙环绕,东南西北设四道大门,城门有城楼,楼内有枪炮护卫,建有保安队,整体结构长500余米,宽100米。

丁李湾古村落目前占地面积110亩,村落内保存有较为完整的古建筑20余座,有古城墙、戏楼等遗迹30余处,有保存比较完好的木雕、石雕30余处。

图3-51　丁李湾古村落西门

4. 选址与格局

丁李湾的形成历史跟风水学有关，前有风水，寓意为丰，象征家丁兴旺，后有山，寓意为有靠背支持。

丁李湾明清古村落以古围墙为界，依自然山势而建，古村落布局合理，由围墙、炮楼、里巷、祠堂、书室、民居、古井、池塘、古木等组成很有特色的聚族而居的古村落文化景观。三面环山，一面邻水，有深奥的古风水含义。村落前两口大小不一的深塘，因形状似一轮弯月，可以投射月亮的倒影，故取名——日月塘，整个村落在东西南北四个方向建有四道大门，门内隐蔽处设有枪孔，大门侧建有两层古式岗楼，属村落居民聚众议事、聚会、联欢的场地，一楼是会议室、会客厅，二楼是绣楼兼观风台，平日里一楼是村落男丁把酒言欢之所，二楼是女子吟唱绣花之地。非常时期，一楼为战前指挥部，二楼是放风瞭望台。四座大门与民居紧密相连，村落内"两纵三横"5条巷道将民居进行分割，巷道地面以青石条、青石板铺路，错落有致，里巷布局合理，防护门、掩护门、逃生门一应俱全，安全防御设施齐备。

图 3-52　丁李湾日月塘 1

图 3-53　丁李湾日月塘 2

5. 传统建筑

清朝乾隆年间，丁李湾处于兴盛时期，有"李氏庄园"之称。当时田地 1 万多顷，遍及目前新县辖区各乡镇，以及光山县南部各乡镇，房屋多达 11 排，600 多间，每排三套，每套正堂三间，厅房（客厅）、倒厅、左厢房、右厢房融为一体共一门楼，整体结构长 700 余米，宽 50 米。清朝道光年间，丁李湾发展达到巅峰，人口多达 800 人，庄园集中居住 600 多人，房屋 600 多间，"李氏庄园"远近闻名，规模宏大，人气旺盛。

现存建筑多为明清时期所建，青石做门枕、门框，水磨青砖夹土料做清水墙，保存大量精美的木雕、石雕和灰塑建筑构件，遗留历代众多的生活、生产用具。民居布局多以三间两廊、三间一边廊、三房两厅为主，因与巷道的相对关系而有所变化。民居里外通透，邻里间一门相隔，便于疏散、保护，有与书室结合、民居与祠堂结合的明清古村落特点。

李氏宗祠"敦厚堂",又名"活水轩",建于清朝光绪年间,因其规模宏大、雄伟壮观而远近闻名。在土地革命时期,彭湃、杨殷烈士创办的"彭杨军政干部学校"于1931年7月由中国工农红军第四军从湖北檀术岗斛乡聂祠堂迁到新集城,同年冬再迁到丁李湾李氏宗祠,当时校长由鄂豫皖中央分局委员、军委副主席蔡申熙兼任,傅钟任政治部主任,李特任教育主任,张琴任教务总长,高敬亭任总务主任。教员20余人,办学15个月,5期共培训学员1000余人,为红军造就了一大批排、连、营级干部。1932年10月,学校随红四军转移。因当时军政干部学校对外号称大学,因而李氏宗祠又有了一个称呼为"大学"。随后,国民党建立经扶县,在新集镇创办经扶县第一完小,在丁李湾李氏宗祠创办第二完小。据说当时经扶县就只有两所完全小学。中华人民共和国成立后,党和国家继续利用李氏宗祠办学,开办有神桥完小、农中等。20世纪70年代,因泼河水库淹没,李氏宗祠被拆迁。

图3-54　丁李湾古村落民居建筑1

图3-55　丁李湾古村落民居建筑2

图3-56　丁李湾古村落民居石刻

6. 村落人居环境

丁李湾群众居住条件简陋，是豫南特色的地方民居代表。古民居内居住条件较差，生活设施简单，大多是危房、险房，很多外部面貌未改，但为了居住，人们将内部结构进行了改造。整个村落没有排水、排污设施，生活用水依靠水井，村庄内道路以土路为主，配以青石台阶；没有垃圾收运系统，群众生活垃圾部分掩埋，但大多露天堆放。

八、信阳市新县田铺乡田铺大塆村

1. 村落概况

田铺大塆村位于田铺乡政府驻地，与政府办公楼隔河相望，距新县县城24公里，距许世友将军故里景区7.5公里，分为前、后两个村民组，现有人口246人，共75户，总耕地面积80亩。

田铺大塆村坐落在青龙岭下，坐北朝南，后山形似一美女盘腿而坐，村庄前一条小河潺潺流过，相传天上仙女见此地河水清澈，环境优美，常来此洗澡沐浴，因此，当地人称此地为"美女现修"之地。1947年，刘邓大军南下，在此设立了临时指挥所，指挥了韩家寨战斗，并取得了胜利。

随着精品旅游线建设深入推进，该村公路沿线村庄已全面实施规划改造，重点对群众住房进行除险加固，修旧如旧，整齐划一，保留村庄原貌，同时保留传统的建筑风格，在发展乡村农家休闲观光、体验传统农耕文化等方面有着广阔的前景。

图3-57　田铺大湾村貌

2. 沿革

（1）历史沿革

田铺大塆又名易田铺塆，据说这个村落的原居民是一户易姓人家，虽说家道殷实，但却膝下无子。现今居住在田铺大湾的村民全部姓韩。据宗谱记载，该塆韩氏乃南宋抗金名将韩世忠后裔。在元朝末年，韩世忠的六世孙从湖北黄陂迁徙至此，之后生生不息，繁衍至今。

（2）建制沿革

土地革命时期，田铺乡从塘畈河至水榜河为界，河以南属鄂东区，有三个乡苏维埃。此前，分别由鄂豫两省所辖，河以南属湖北省麻城县择里区和仁美区，河以北属河南省光山县八水里。1932年增设经扶县，在泗店设镇公所，下辖联保，田铺乡设立四个保。1947年新县解放，田铺多属泗点区。1950年，泗店区下设田铺、河铺、九里三个小乡。1953年增设高山、宋畈两个小乡。1955年5月设田铺中小乡，1958年8月，田铺乡改为东风人民公社，1961年恢复泗店区，田铺人民公社改为田铺、河铺、九里三个小公社。1962年撤区并社，恢复田铺人民公社，1983年改为田铺乡。

3. 村域环境

田铺大塆村落位于东经114°58′29″至114°59′13″，北纬31°32′16″至31°32′35″。属亚热带北部大陆性季风气候，具有亚热带过渡性气候特征，四季分明。山地宜林，畈田宜稻麦、油菜等农作物生长。

村庄始建于民国初期，自然环境优美，古村落的建筑和基本架构保存完好。为典型的豫南民居，因特殊的地理位置受到了中原文化、楚文化与徽派文化的影响，多为土坯墙体，斜顶瓦房的独特建筑形式，融汇了北方民居的硬朗和南方民居的灵秀。这种房屋的特点是通风透气，冬暖夏凉。房屋和周围山、水、梯田自然环境相互映衬，呈阶梯状，形成了一幅和谐美丽的画卷。

4. 传统村落选址与格局

田铺大塆村整体格局上遵循了传统的风水选址理论，靠山背水，坐北朝南，依地形规划和建造，在山体和河流之间利用北高南低的地形营造出了具有鲜明豫南特色的传统村落。建筑依地形层层自然布置，与环境的关系和谐统一。

村前有半月形风水塘，一口古井镶嵌在半月形风水塘中间，为奇特的"池中井"，以石筑小堤连接池边陆地。村前晒谷场长期承担着农用功能。村落和小淮河之间的梯田为祖祖辈辈的村民们提供了口粮。

田铺大塆背靠山体，由于本身在选址和布局上的科学性和紧凑型的内部格局等原因，对外道路从村前穿过，内部空间没有受到丝毫影响，传统格局保存完好，村庄主体建设区域没有突出的不协调建筑，村内街巷体系相当完整。

图 3-58 田铺大塆"池中井"景观

图 3-59 田铺大塆全景

5. 传统建筑

田铺大塆形成于民国时期,现存最古老建筑修建于清末。村庄靠山背水,传统民居连片集中,为典型的豫南民居,具有明显的豫南传统村落特征。传统建筑占全村建筑的40%以上,并主要以民居为主。

村落紧靠村后山体，布局紧凑，整体呈阶梯状。现存传统建筑及周边环境原貌保存完好，风貌协调统一，基本无不协调的建筑，传统民居大部分仍由原住居民生活使用，保持了传统区的活态性。

大部分传统建筑质量较为一般。虽然有些民居在修复过程中使用了现代建筑材料，但村落面貌和传统民居并没有受到很大的影响。

田铺大塆村中北部民居一般为三间屋两头房，中间为堂屋。也有明三暗五的房屋，即在外面看是三间房，进到屋内看分为五小间；还有单门独院，即三间正屋，两边耳房，有围墙相接，中间有大门楼。院落多为将单体建筑有机组合，与院墙共同形成了围合的空间。民居开间三为多，一方面，因奇数在中国传统文化中呈阳性，对室内之阴有平衡作用，还可以构成以堂屋居中、两边对称的建筑格局；另一方面，普通百姓的住宅以三开间为多非常符合历史原因。南部房屋建筑多分为前后两进，两边耳房相连，形成"天井院"。这种房屋特点通风透气，冬暖夏凉。此外，山间还有少许草房，山间草房多为"观音合掌"。

建筑材料就地取材，土坯墙，内屋顶是手工竹编，具有浓郁的地域特色、乡土气息和农耕文化气息。田铺大塆村至今日常生活建筑营造仍大量应用传统材料（就地取材，土坯墙、小青瓦、木柱檐廊、木椽挑廊）、传统工艺。传统的建筑形式与传统建筑风格保持高度协调，在建造过程中讲究传统技艺，沿用地方习俗，非常重视房屋选址、朝向，在动土、上梁、搬迁时，都要择吉日、吉时，举行特定的仪式。

图 3-60　田铺大湾民居建筑

图 3-61　田铺大湾传统竹编

图 3-62　田铺大湾街巷

6. 村落人居环境

田铺大塆村四面环山，拥有良好的山水环境，丰富的水源，丰沛的山林资源及耕地条件。

居民自住房多为土坯房，部分有待维修。基础设施由乡政府统一建设，部分为村民自建。

村庄统一由东部水源地引水，已完成自来水入户。

目前按照"美丽乡村"规划实施电信、电线、污水管道入地工程。村庄正在进行电网改造，目前村内分设四台变压器，基本满足农村生产、生活要求。村内有建电信局一处。

排水采取明渠自然排放方式，无集中处理设施。

村内垃圾统一收集后送往镇里统一处理。

村内道路基本为水泥路和青石路，现对管道改造后将进行路面整改，以当地石板铺面为主。

公共服务设施包括九年一贯制学校一所，图书馆一座，备建村里活动中心一座。

图 3-63 田铺大湾人居环境

第四章 豫北地区

一、安阳市林州市任村镇马刨泉村

1. 村落概况

马刨泉村是个典型的山区村,位于林州市任村镇西北角,晋冀豫三省交界地带,有"鸡鸣三省"之称。位于牛岭山的西北方向,地形为山地和丘陵,河流属于雨水补给类型,水位变化深受降水的季节变化和年际变化的影响,降水量季节分配不均匀,年际变化大,所以径流年内年际变化大,夏秋水位高,冬春为枯水期。受地理位置的影响,土壤均为红褐色,植被多为灌木和小乔木,以灌木为主。夏秋雨季降水增多主要灾害为洪涝以及山体滑坡。马刨泉村位于山顶,村庄分布北高南低,中间属于平缓地带,主要发展方向为东西方向,其次是南北方向。

马刨泉位于河南省林州市任村镇西部的太行山深处,有一个古老的小村叫马刨泉村,是牛岭村的一个自然村,相传东汉开国皇帝刘秀(光武帝)被王莽手下大将王朗追剿,一路仓皇逃至此地,人困马乏,饥渴难忍。就在几乎晕倒之时,忽见自己所骑的青龙马前蹄在地上不停刨土,不多时刨出一个小石坑并涌出了一股泉水。刘秀急忙手捧泉水痛饮,又摘取周边柿树上的柿干食之。饮足食饱顿时精神抖擞,一解饥渴之困。因此后人给此泉命名为"马刨泉"。

刘秀走后,此泉一直喷涌不止。由于这里有了水,山民们便纷纷来此地定居,并把泉名定为村名,称作"马刨泉村"。

2. 周围环境

(1) 自然环境

马刨泉村地处太行山深处,是太行山系的重要组成部分,属于典型的峡谷地貌。村落周围山体的岩石构成从谷底到山顶,大致可分为前震旦纪、震旦纪。由于地壳运动,部分隆起为断崖、台壁、高山,部分塌陷形成盆地、沟谷,经风剥雨蚀,被水冲成丛峰、山壑,造就了太行大峡谷风景瑰丽、雄浑壮阔、得天独厚的自然山水风光。马刨泉境内有数条沟,沟沟有溪,溪水潺潺,有些长年不断,主要为下游灌溉用。由于地理位置的原因土少石厚,平均海拔 1100 米,气候属暖温带大陆性季风气候。光照充足,四季分明适宜各类生物繁衍生长,植被主要以灌木和小乔木为主。主要产小麦、玉米、谷子,另有红薯、豆类,树木有柿树、核桃树、桃树等十几种,林木繁茂,郁郁葱葱。动物有黄牛、山羊、野兔、松鼠。鸟类有山鸡、鸽子等多种。

（2）风景名胜

马刨泉村的风景名胜主要有牛岭山村人头山自然生态园、太行山大峡谷、红旗渠风景区等。

1）太行山大峡谷

地处晋豫两省交界,位于山西省长治市壶关县东南部,南北长 100 华里,东西宽 8 华里,它北起任村镇回山角,南至山西井底,是由浊漳河支流露水河切割于林虑山中形成的一个长 50 公里、宽 1.5 公里的深切峡谷,两岸为典型的嶂石岩地貌,台壁交错、谷幽峰奇,形成气势恢宏的大峡谷风光,海拔 800～1739 米,相对高差达 1000 米以上,境内断崖高起,群峰峥嵘,阳刚劲露,台壁交错,苍溪水湍,流瀑四挂,峰、峦、台、壁、峡、瀑、嶂、泉姿态万千,是北方山水风光的典型代表。

图 4-1　太行山大峡谷盘山公路

图 4-2 大行山大峡谷风景

2）红旗渠风景区

红旗渠是 20 世纪 60 年代，林县（今河南省林州市）人民在极其艰难的条件下，从太行山腰修建的引漳入林工程，全国重点文物保护单位，被人称为"人工天河"。红旗渠工程于 1960 年 2 月动工，至 1969 年 7 月支渠配套工程全面完成，历时近十年。该工程共削平了 1250 座山头，架设 151 座渡槽，开凿 211 个隧洞，修建各种建筑物 12408 座，挖砌土石达 2225 万立方米，红旗渠总干渠全长 70.6 公里（山西石城镇—河南任村镇），干渠支渠分布全市乡镇。

图 4-3 红旗渠风景

图 4-4　红旗渠风景区青年洞

（3）文物古迹

刘秀当了皇帝,念念不忘马的功劳,便把马封为兽中之君、畜中之王,还把每年的农历七月十五日定为"牲口节",每年一到这天,都要让老百姓摆上"马王爷"神牌烧香供奉。因为马的右前蹄曾为他刨泉解困,又封马在平时可三条腿站立,空出右前腿休息。

如今,马刨泉的泉水仍在不停地流淌。为了合理利用泉水,村民们在出水处砌了个 1 米见方的泉池。方池下建了个圆池,圆池下又修了个长方形大池。三池有孔道贯通,用途各不相同,方池水供人饮用,圆池水供淘米、洗菜,大池水供洗衣、浇地。这早已成了当地一条约定俗成的规矩。

据历史记载,马刨泉还是革命的圣地和抗战的摇篮。抗日战争时期,革命领袖李先念就住在马刨泉的东沟里,指挥抗日作战。当时的"高等法院"和"太行二中"就设在这里。泉水南院是"高等法院",东院是"太行二中",为八路军培养了大批军队干部。他们与当地村民亲如一家人,互帮互助,为抗战胜利做出了卓越贡献。

3. 选址格局

（1）村落选址

马刨泉村处于深山老林,相对隐蔽,同时又地势险要,易守难攻。正因如此,古村落才得以保存完好。村落在选址上,多以山为背景,背山面水,藏风聚气,选址基本符合传统风水学说对于村落外部环境的要求,即"背靠主龙脉生气的主山,左右是左辅右弼的山体——青龙白虎,前有水流绕过,水的对面有山体对景"。村落选址注重村落大环境的选址,背山面水,临水而居,符合"高勿近阜而水用足,低勿近水而沟防省"的选址理念,是乡村聚居环境建设的典范。

(2) 村落格局

马刨泉村聚落成扇形，街巷主轴线为东西方向，次轴线为南北向，总体呈现扇形。该村的发展主轴线由西向东，公共建筑如传统居民房、庙宇等主要分布在村落的东部，村落整体保存状况良好。

图 4-5　马刨泉村内道路

(3) 村落风貌

马刨泉村，位于崇山峻岭之中，与山西省平顺县接壤。位于河的南岸和山的北坡下，也算是依山傍水，是一个非常古朴的村落，村落周边自然田园风光、有山有水、有庙宇、有古遗址，景色秀美，民风淳朴。马刨泉自然村地貌主要以山地构成，该村位于太行山深处的牛岭山上，依山就势而建。马刨泉村传统村落建筑绝大部分是石头房，清一色的石砌房子掩映在绿树丛中，保存完好度达 67% 以上。建筑古香古色，保存着传统的生活方式，生活气息非常浓厚。宅院布局主要为三合院、一字房、"L"形院落及少量的四合院的建筑布局形式。

4. 传统建筑

(1) 主要特点

马刨泉村古村居民分布于整个村落，规模可观，保存良好，都是由青石板和砖叠砌而成，入口一般都有青石铺成的台阶。傍山岭作屏，依山靠岭而建，意在挡寒风，冬天朝阳，夏天清凉，阳光明媚，宜居亮敞，房屋集中连片，多建为二层楼房，建造错落有致，古色古味，古朴端庄，门小窗小，木门板，院中青石铺地，村民世代居住。

(2) 文化内涵

1) 古民居整体建筑形式和局部构件朴实简洁，对研究豫北山地建筑、石头房建筑具有很大的参考价值，对石头房建筑原真性的保护是对重要的历史文化遗产的继承和发扬。

2）背山面水,依山而建的院落布局,体现的是马刨泉村劳动人民的聪明才智。

3）马刨泉村古民居的整体布局和形制,反映了当地传统文化和装饰艺术的结合,体现了豫北地区的风俗人情和地域文化。

4）门窗的装饰是建筑装饰的重要组成部分,远看有装饰效果,近看则有独特的文化内涵。在装饰雕刻的内容和形式上集中反映了人们的精神要求和向往,在满足建筑使用功能的基础上,极具装饰艺术审美感,是人们求平安、求子、求功名、求长寿、多寿多富等美好愿望的体现。

5）古民居就地取材,体现了人们对自然的再利用和丰富的创造力。

5. 历史环境要素

马刨泉村历史环境要素有十几种,主要以古井、古树、古水池、木雕、石雕、砖雕为主,有的形成年代已无人知晓,后因历史原因毁掉了很多,现今保存完好的数量较少。

村内有古井一处,此井是天然泉水,井水甘甜可口,现状保存完好,主要用于日常生活用水,同时也体现了古人泽水而居的理念。

村内的古水池主要是由石头建造而成,内部用水泥进行抹缝,防止储存的水流失,水池的水主要用于生活日常用水和灌溉。

门槛也称门坎儿,横伏于门口,迈进去,退出来,给人一种家里家外的感觉,具有遮挡脏污和辟邪的作用。

由于地势高低落差大,所以大部分住宅的入口处都会用青石铺成石阶,以方便行人行走,同时也增添了整个村的古朴风格。

建筑构件上雕刻的花纹或者飞鸟走兽,雕刻工艺精美,纹式流畅洒脱,图案生动形象,其主要功能是装饰美化建筑。

在山墙的出檐处,一般都会有墀头装饰,其表现手法大多相同,以花卉和人物居多。

二、安阳市林州市合涧镇肖街村北庵沟村

1. 村落概况

村落地处南太行林虑山东麓大轿顶山下,与3A级洪谷山景区毗邻,属于合涧镇肖街行政村。暖温带大陆性季风气候,年平均气温12～13 ℃;七月份最热,月平均气温25.8 ℃;一月份最冷,月平均气温为-7 ℃。西临大轿顶山,地形地貌属山地丘陵区,海拔450—580米,西北东南向倾斜。属于海河流域卫河水系,年平均降雨量672.1毫米,全年日照时间约2251.6小时。主要为褐土,占土地总面积的95.8%;棕壤和山地草甸土主要分布在山顶,占土地总面积的4.1%。在植物区系划分上属于暖温带落叶阔叶林植被型,树木种类繁多,野生药材众多。山鸡、野兔、松鼠、獾、子规鸟等动物仍然可见。村落面积

124亩,主要分两处布局:西边北庵沟村为长方形,北边柳石塘为半环形分布。

北庵沟村(含柳石塘)有郭姓和王姓两大宗族。其中北庵沟村全部为郭姓一族,柳石塘主要为王姓一族。村庄以农业种植为主,农闲季节以打临工为辅。

唐朝时万姓族人迁居于此,后卖与从山西壶关洪洞迁徙来的郭氏一族,从此,郭氏家族起居于此。早期北庵沟村万姓族人居住时只有一处院落,后万姓迁出郭姓迁入后,开始建村繁衍生息。后为避免占用耕地,部分郭姓到村北河谷北岸柳石塘坡地建房居住。到清朝时,王姓一族从城里迁入柳石塘。

2. 周围环境

(1)自然环境

南太行林虑山系属于海河流域卫河水系,山地丘陵区,断层较多,树木种类繁多,有乔木、灌木。山鸡、野兔、松鼠、獾、子规鸟等动物仍然可见。

图4-6 洪谷山古树

(2)风景名胜

1)洪谷山景区 位于北庵沟村南侧,作为林虑山之首,是闻名中外的文物宝谷、佛教圣地,国家级3A景区。群峰环绕、溪流潺潺,最有名的为洪谷寺,是林虑山四大古寺之一,其他还有宝谷石塔、勋公石塔、元代八思巴字圣旨碑和三尊真容支提龛铭碑等多处文物古迹。

图 4-7 洪谷寺塔

2）金灯寺　北庵沟村西的山顶，为佛道双修的宗教圣地，创建于北齐武平年间，四外群山起伏，山坡树稀草薄。全年有三个季节在云雾之中，初名宝岩寺，后因萤光夜飞入寺，改称今名。北依陡崖，南临深谷，平面东西构成长条五进院落，建筑有关帝庙、钟鼓楼、聚仙楼等，最后有大佛殿三间。山腰北崖凿有大小十四个洞窟，其中最大的称水陆殿，又名水罗殿，面积约 125 平方米，上置平顶，下面池沼晶莹，泉水从西北石隙中涌出，清澈见底。沼上凿有田字石堤桥，游人可沿桥观赏。摩崖上雕有规格大小相等的千佛。窟的外檐就山崖凿作，建成殿堂，中心辟门，方形檐柱上横施"额枋"，布局错落有致，雕刻十分精美。

3）灵鹫寺　北庵沟村西二岾上，为佛教圣地，始建失考，明嘉靖十五年（1536 年）重修，寺址有 18 尊似真人大小的石刻佛像，及地藏拾王碑记，为林虑山境内明代供奉地藏王菩萨的唯一石刻像。

4）泽阳寺　位于北庵沟村北北小庄村，林州市重点文物保护单位的石碑，镌刻着"敕赐净居禅院"。这座古老的寺庙始于李唐，存于柴周，盛于元明清。顺治年间的蟠龙石碑上题目就叫"敕赐相州（安阳）林虑县（林县）净居禅院额记"，可见官方的封号是净居禅院，当地的百姓习惯称呼其为泽阳寺。北枕高象岭，左边鸡冠山，右边轿顶山，伞盖山矗立在中间，寨王脑、神仙坑都在寺庙的周边，山水相依，风景优美，滔滔林海，寺庙点缀其中，是一块风水宝地。

(3)文物古迹

1)千佛洞石窟 1986年公布为河南省第二批重点文物保护单位,2013年进入第七批国家重点文物保护单位目录。始凿于北齐武平五年(574年),唐时称龙华浮屠。石窟位于洪谷寺东北崖山腰上,坐北面南,窟口由条石垒成,东西长3.97米,檐高2.67米,三层叠涩式窟檐,方形窟门,半圆形门楣中央凿一佛龛,佛龛中为一座佛两个弟子两个菩萨的5尊式造像,西侧各有一身结禅定印之坐佛像。外墙上凿有造像龛,门西4层,造像共16个佛,门东上下2龛,上雕2佛下雕6佛。洞外门楣上两侧檐下分嵌两方造像题记,东侧题记为:"大齐武平五年于洪谷寺东四百余步,名山之侧,遂造大石像一躯,并二菩萨、阿难、迦叶等。"西侧一面刻有比丘僧员操于唐乾封元年(666年)敬造龙华浮屠一所,并《观音金光明经》一偈,《无量义经》半篇,写经言于石。洞内平面近似马蹄形,顶作斜坡状。洞内外共雕大小佛像128个,最高的2.78米,最低的仅16厘米。林州很早就有佛教传播,早在晋代,就有名士支道林"遁家世事佛,早悟非常之理"。南北朝时佛教发展非常旺盛,东魏、北齐诸帝,皆敬奉佛法。千佛洞石窟是塔形龛窟,外部依崖砌筑为方塔形,是将佛教石窟中印度古塔与中国传统木构建筑融为一体,在我国石窟中极为罕见。千佛洞石窟规模虽然较小,但时间自北齐延续到唐代,又地处东魏、北齐二朝的邺都畿内地,成为北朝佛学文化交流、传播的重要场地之一,在石窟寺造像艺术史上占有重要的地位。它的存在,为研究我国古代的政治、经济、文化及佛教史,雕塑艺术发展史和中西文化的交流,提供了非常珍贵和有价值的实物资料。宋元祐五年(1090年),时任开封府尚书右仆射的张商英游至此处,于大佛头东侧后壁题书"张商英结缘来此"。洞外砌筑平台、围栏、踏道,洞内以砖铺地,建立神台,保存状况良好。

图 4-8　千佛洞石刻

图 4-9　千佛石窟内部石刻

2）摩崖石塔　1963 年公布为河南省第一批重点文物保护单位，2013 年进入第七批国家重点文物保护单位目录。石塔共四座，全部为在石壁上刻成。在东边崖壁上有两座塔朝西，北边的为大缘禅师塔，此塔凿于一浅龛内，龛高 1.4 米，宽 0.88 米，深 0.1 米。塔由塔身、塔檐和塔刹组成。塔身高 0.77 米，宽 0.56 米，正中凿圆拱形门，塔雕大缘禅师像，结跏趺坐，作禅定状。樱门两侧刻半圆形倚柱，有覆莲柱䪥。塔身上部有三层雕刻，下为垂莲，中为 6 个舞姬，上为连珠纹。塔身之上为塔檐，四角置山花蕉叶。塔檐之上为塔刹，有覆钵、相轮、宝珠组成。此塔之南为乾寿法师石塔，凿于唐代早期，塔通高 2.65 米，下部为两层方形基座，正中凿龛，龛内佛像不存。龛门两侧刻滚龙柱，塔上有五层方叠形涩出檐，檐上为覆钵、华盖，覆钵上雕两宝珠。塔饰雕刻细腻华丽，所用颜料虽经风雨剥蚀千年但不褪色。塔右侧有唐贞观二十二年（648 年）题记，介绍大缘禅师生平及立石弟子等。在西边山崖也有两座，一塔面南，一塔面东，皆为大僧义泓主刻，面南之塔保存完好。面东塔为一未成龛，分上下两层雕刻，其下为一圆拱形门，龛室近方形，中有莲花藻井。龛门外两旁各刻一力士，南侧为执剑增长天王，身着铠甲。门北为多闻天王，裸上身，下系战裙，双手举金刚杵。其上刻一单层塔，塔身左刻一戴尖帽的男供养人，右侧为头饰花冠的女供养人。在当时历史条件下，这些摩崖石刻是很了不起的佛界功绩。

图 4-10 摩岩石塔

图 4-11 摩岩石塔滚龙柱

3. 选址格局

（1）村落选址

洪谷山的南北两侧有两道山岭，两道山岭的背后有两个小村，居南的叫南庵沟，在北的叫北庵沟。南北两个庵沟，最早并无村，只有庵，林州民间有一寺对三庵的说法，和尚庙尼姑庵往往相邻，修行于山间。现在，洪谷山里复建了洪山寺，但南北两个庵沟却连尼姑庵的旧址都寻觅不到，空留下了北庵沟这个村名。北庵沟藏在山岭密林中，难以觅得。万姓迁徙至此建村，村后是一片树林，大部分是杨树和槐树，结合庙宇建筑的选址特征，该村地理位置极佳，背山面水，多峰环绕。

（2）村落格局

北庵沟地处洪谷山沟北、大轿顶山下，主要为山坡林地和梯田，群山环绕，谢公渠流经村庄，并有多处古泉，整个村庄成牛角状，中间河流穿村而过，形成南、北两部分。整体布局遵守顺应自然、利用自然的理念，街巷顺山就势，疏密有致。村内有一棵北齐年间的古松，树下有一座民国年间的古庙，另一座古庙位于村口，民居均分布在山坡地段，利用坡地建房、栖居。

图4-12　北庵沟山谷

图4-13　北庵沟村传统建筑

(3)村落风貌

北庵沟村落背山面水,村内房屋、街巷格局完整,但建筑缺乏保护,个别损毁。传承了山区村庄的韵味,建筑基本保留了原始风格,其街巷道路,庭院格局、建筑风格以及建筑砖木雕饰,都保存比较完好。这里独具特色的农家小院,风雨剥蚀的石阶小巷,饱经沧桑的古寺庙,醇厚善良的风土人情,优美动人的故事传说,构成了一幅和谐宁静的世外桃源,让人流连忘返。

(4)建村智慧

北庵沟村左有泽阳寺、右有宝岩寺、山中有灵鹫寺、山顶有金灯寺,背山面水,与山水融为一体,"以形式为身体,以泉水为血脉,以土地为皮肉,以草木为毛发",与自然山水风光的融合为主要特征,是一块风水宝地。明朝时期,村民发现柳石塘有活泉,为取水方便,不占用耕地,在柳石塘依山坡而建房,并开发多处地下泉水,近代村民在各自家中打井使用地下泉水。房屋由最开始的茅草房顶、乱石围成的墙壁,逐渐发展成毛坯、大石块堆砌整齐的墙体,随时代变迁,建起砖木结构房,小方格窗户,极少数安装了玻璃窗户。

4. 传统建筑

传统建筑集中连片分布,保存情况良好,主要为山地形传统建筑,与周边环境相融合。整体色彩是灰褐色,以黑、白、灰褐的层次变化组成统一的建筑色调,结合传统建筑的构建,使得建筑群体组合的韵律更突出。古民居大都采用"三合院"或"四合院"围合式,多采用石头砌墙,正房为主人居住,两侧为子女居住或储物或牲口房,正房内除土炕、灶煤火台外,更有衣橱、桌、椅等家具。总体来说,儒家思想中的宗法礼制文化、程朱理学、道家老庄哲学、防御文化无不在这些精美的建筑物中体现出来。

5. 历史环境要素

村落背靠大轿顶山,一条明代修建的人工渠从山坡穿过村庄,有两处饮水池,两处古泉,两处古庙,3棵古树,一条古道,一处石碾和石臼。村落依山傍水,古树和古庙为村子提供庇护,石碾和石臼体现着劳动人民的智慧和辛劳。

6. 生产生活

(1)特色物产

村子坡地较多,但是一年四季作物种类颇多:小麦、油菜为夏粮作物,谷子、豆类、红薯为传统秋凉作物,芝麻、花生为油料作物。小麦10月播种,次年6月收获,传统人工拉耧下种;红薯2月下旬移入苗床育苗,4月中旬插植,6月浇水追肥,8月摘顶,寒露收割;谷子在冬小麦收割后将原垄开沟后施肥,合拢,人工拉耧播种,衮子压实,出苗、松土、间苗、追肥、收割。

除此之外,村里的荆条缸、荆条篮子和红薯粉条也颇具特色。荆条缸是用荆条编制成圆柱体,内外壁抹泥,晾干后放置屋内墙角处,以木盖或石板盖之,用以储存粮食。荆条篮子编制时从下围圈,边围边装饰,装一圈续一圈,最后编个把手,平时收粮食盛菜用。

秋收后把红薯洗净磨粉,把粉面晾干后备用,等男人们从外面做工回来,冬闲的主要任务便是制作红薯粉条。红薯粉条的制作,如果没有男人参与是完成不了的,因为光是粉面的调制就是个非常出力的活计。制作之前，先要用开水烫适量的粉面来做粉条的"筋"，再加生粉面做粉条的"肉"，然后将两者充分地搅匀。原料的干湿全凭经验，过程中加面或加水调节，和好面后用大锅烧开水，用漏勺用力拍匀，使面粉漏到锅里，粉条成型后，用叉勾捞出放到冷水中，晾凉后捞出挂在木棍上插到墙孔里冷冻晾干。

(2) 商业集市

集市的参加者主要是农村集市所在地及其附近的农民、手工业者和其他乡村居民，他们之间的买卖活动是生产者向消费者的直接出售，是生产者之间的商品交换，是一种简单的商品流通。除此以外，参加者还有小商贩以及其他的生产者和消费者，交易农副产品、牲畜、服饰等，集中在冬、春季，农历初一、十五开市，辐射范围方圆约3公里。

(3) 服装服饰

以棉布衣服为主。棉布也称土布和粗布，皆农妇自纺自织而成。以前，男人下穿宽腰大裆单裤，棉布汗衫；冬、春季节穿有襟棉袄棉裤，缠布腰带，绑腿，戴毡帽，穿布袜。鞋为布鞋，鞋底为麻绳纳，鞋帮用棉线纳，俗称"砍山鞋"。妇女上衣为有襟衫，裤子为宽腰大裆式，腰系布围裙。已婚妇女四季绑腿，少女上衣多穿用线缀布结纹染色成的花布和印染花布，幼女戴凤帽，帽前沿缀银质小花，青年妇女不戴帽，中老年妇女戴"头箍帽"。早年间，衣服均为手工一针一线缝制，然后手工定扣，后期借助缝纫机制作，时过境迁，手工缝制除"砍山鞋"外已无处寻觅。

(4) 美味美食

1) 炸糖糕　当地有个风俗，就是在端午这天，出嫁的姑娘带着好多糖糕回娘家送糖糕。因为糖糕色泽金黄，外形圆融，象征了农户人家生活丰盈，家庭团圆，吉祥富贵。糖糕外脆里嫩，内层软乎乎的，用白糖或红糖做馅，黏黏的，甜香适口，特别受老年人欢迎。端午节如果没赶上闰月，会正值农忙，出嫁的闺女会带些糖糕回娘家，又称"走五月单五"。民间称五月单五，自古流传有吃糖糕的习俗。制作炸糖糕的原料有面粉、沸水、糖、油、白芝麻。做的时候准备好面粉和糖，用沸水烫面，边浇边搅拌，并将烫好的面揉成团，搓长面团，切成小剂子，取一个拍平，捏个小窝包入糖，用包包子手法捏紧封口拍实，手心拍扁。放入热油锅中炸至金黄酥脆，浮起油面捞起即可。出锅后，放一会，温度刚刚好的时候，咬上一口，热乎乎的浓糖汁儿，软糯脆香的口感，让人特别有食欲。以所添加配料的不同区分为不同品种，如面粉中掺入红薯后制作为红薯糖糕，以糯米包制的为糯米糖糕、白糖糕、红糖糕、豆沙糖糕等。一般端午节前大量制作，在通风阴凉处存放，端午节送礼用，随时可食用。

2) 大锅菜　每到红、白事和庙会的时候，总会遇到特别大的一个场面，就是相聚在一起，吃大锅菜。大锅直径1米2至1米5，是根据来的亲朋好友人数多少决定用多大的锅，准备多少菜。大锅菜的做法其实很简单，按照东北的说法就是一锅炖，将肉、白菜、豆角、豆腐、丸子、粉条、皮渣等材料准备好，等做饭时间一到，大厨们就开始忙活了。一般吃大锅菜,都是先蒸好大米后,再开始炒菜。当开始炒菜的时候,大厨们手挥铁铲,将菜翻来翻去,到处都是热气腾腾的场面。其实说到做,还不如说到吃,当一嗓子"开饭了",在一边等着吃饭的亲朋好友们,马上就涌到锅边,那种场面真的很热闹。随着时代的进步,人人都富裕起来了,但是吃大锅菜的习俗,依然保留了下来,依恋那碗浓香,归依那份亲情,更欣赏人群涌动的脉缘,也希望吃大锅菜成为农村不变的习俗,永久地延续下去。

7. 村志族谱

(1)郭氏族谱

由合涧镇肖街村郭姓第六世孙,郭志吉老人牵头,召集郭氏子孙,先后六上山西寻祖,耗时长达一年,通过内查、外调,反复核实、论证、整理、排版、印刷,到最后装订成册,至此《郭氏族谱》才得以问世。此版本为2016年出版,主要记载了郭氏家族的家规家训、郭氏族谱成员及分布在各地的郭氏族人的故事。编制此谱的目的是要后人继承前人的传统美德,把郭氏家族发扬光大,激励后代子孙与时俱进、开拓创新、奋发有为、再创佳绩。

(2)林州城里王氏族谱

王氏祖先一世始祖讳珽,字敬宇,生于康熙三年(1664年),享寿87岁。聘刘太君,生于康熙八年(1669年),享寿86岁,住林州市城里东营,葬合涧镇辛安村西。始祖生子五人,分为五门,至今共1500余口,遍布中国大陆,台湾及海外。

王氏族谱分为两部,卷上《赠惠世系》,卷下《诰敕事录》。卷下记载了三世至六世人被诰封为奉政大夫,七世封为登仕郎,皇恩奉赠雕龙碑。本次续修卷下部分,根据时代发展,男女都入族谱,先登男后登女(女方子女不登记),参照老谱形式,按各门进行世系登记,上行为男,下行为女,已故者不登,老谱与新谱共同出版。此版本为2009年8月出版,历经8个月续编,本次为第三次续谱,由重修人王会林题词,并于2009年4月召集王氏家族赴辛安祖茔祭祖。

三、安阳市林州市临淇镇白泉村

1. 村落概况

(1)村落简介

白泉村地处安阳市林州市与辉县市交界处的太行深山区,距离县城40多公里,地理位置偏僻。四周环山,峰峦叠嶂,空气新鲜,植被茂密,交通闭塞,百姓生活住房、院墙、地板均是由石头材料制成,古香古色,有浓厚的历史气息,农业生产也是原始耕作,被称为"世外桃源"。数十年前村民们才开凿出一条山洞与外界沟通,房屋大多依山就势,错落有致。

白泉村村民主要是汉族,主要产业为种植业、林果业、旅游业。

(2)重要历史人物

这里曾经出现过两个人物,第一个就是"最美深山女教师"王梅香。王梅香16岁成为教学点唯一的教师。教学点的学生从6个减少到2个,她没有放弃;教学点的教室塌了,她就在自己家里给孩子上课。王梅香的事迹被人发到网上,并被众多网站转载,引来众多网友热议,"感动""敬佩""人美心更美"等赞美之词不断,还有好多人自发为她捐款。另一个就是村支部书记张福根,白泉村位于深山区,是林州市地理位置偏僻的一个山村,40年前因为"三少"(粮少、钱少、树少)"两多"(石头多、光棍多)"一没有"(没有水吃)而远近闻名;张福根凭着一颗共产党员对人民群众的赤诚之心,带领全村党员干部群众治山治水、绿化荒山、打旱井水窖、劈山修路、硬化山路,开发了石门风景区,办起了旅游度假村,把一个海拔1200余米、生存环境恶劣、生产条件低下的穷山村变成了粮丰林茂、风景秀丽、环境和谐、人见人爱的社会主义新农村。白泉村先后荣获"全国造林绿化千佳村""全省双文明建设先进村"等称号。2001年3月,白泉的"旱井工程"被拍成电视剧《天上下雨地下流》并在央视播出。2003年5月,白泉村蓄水工程的独特模式被作为经验向全省推广。张福根先后被授予"河南省优秀共产党员""河南省劳动模范""为民服务标兵"等荣誉称号。

2. 周围环境

(1)自然环境

白泉村位于林州市临淇镇南端深山区,属太行山脉淇南支脉,在海拔1200多米的太行山深处,与辉县市、鹤壁市、卫辉市紧邻,总面积44平方公里,全村500多口人散住在东西长9公里、南北宽4.5公里的山坳里。白泉村地质构造属于太行山断块的东部终端,是典型的多台阶切割式嶂石岩地貌,平均海拔在800米左右,植被覆盖率90%,植被主要以灌木和小乔木居多。

(2)风景名胜

白泉石门省级森林公园位于河南省林州市临淇镇南端深山区,属太行山脉淇南支脉,平均海拔1200多米,总面积44平方公里,北距林州市40公里,东距五龙洞国家森林公园3公里,距本镇万泉湖景区15公里,西距新河公路10公里,与辉县市、鹤壁市、卫辉市紧邻,森林覆盖率达98%,是红旗渠·林虑山风景名胜区的重要组成部分,是全国绿化委员会命名的"全国造林绿化千佳村"。

景区内高山耸立,陡壁如削,两岸植被茂密,灌木丛生,四周石壁林立,奇形怪状,清泉、深潭、飞瀑遍布山涧,幽谷深潭、景点连串,如入画廊,既具有北方山势的雄浑、厚实,又有南方山水的玲珑剔透。自然景观有南天柱白日观星台、白泉云海、石门峡谷、伟人峰、祖孙石、岳飞峰、夫妻峰、观音峰、神龟问天等30余处。

红旗渠是一个人工修建的灌渠,位于河南省安阳市林州市境内,林州处于河南、山西、河北三省交界处,历史上严重干旱缺水。红旗渠灌区共有干渠、分干渠10条,总长

304.1公里;支渠51条,总长524.1公里;斗渠290条,总长697.3公里;农渠4281条,总长2488公里。沿渠兴建小型一、二类水库48座,塘堰346座,共有兴利库容2381万立方米,各种建筑物12408座,其中凿通隧洞211个,总长53.7公里,架渡槽151个,总长12.5公里,还建了水电站和提水站。已成为"引、蓄、提、灌、排、电、景"配套的大型体系。

3. 选址格局

(1)村落选址

因受地形影响,耕地资源缺乏,为充分利用水土资源,大部分房屋选择建在半山腰或者山顶,白泉村的选址符合传统风水学中的"背山面水,左右保护"的格局,处于山的中低部,背山面岭,既阻挡了严寒,同时又避开了自然灾害。

(2)村落格局

白泉村的居民分布多为带状,村落的间距较远,规模适中,村落间的山水关系基本保持典型的"山体—村落—河流"式格局,主要街巷为东西走向,次街巷为南北走向,传统居民房分布于整个村落,规模可观,保存完整。

图4-14 白泉村村落格局

(3)村落风貌

位于临淇南山,海拔900~1400米。目前,白泉1.6万亩荒山已全部绿化,村庄绿树掩映,被群众描述为"白天看不见村庄,夜晚瞅不见灯光,小雨淋不湿衣裳,大雨冲不毁山冈",被国家林业局授予"全国绿化造林千佳村"。2006年,以白泉石门自然风光和良好生态环境为主体的白泉风景区被授予河南省级森林公园的称号。

(4)建村智慧

白泉村建村,具备"背山面水""负阴抱阳"的格局,拥有得天独厚的自然环境,是择地而居的上好场所,适合人们安居乐业。

4. 生产生活——美味美食

(1)山楂干

山楂干是将山楂果切片后晾干或烘干而成的。山楂是一种可食用植物,质较硬,果肉薄,内有籽,味酸。又叫山里红、胭脂果等。山楂树属落叶灌木,枝密生,有细刺,幼枝有柔毛;小枝紫褐色,老枝灰褐色;为蔷薇科,是中国特有的药果兼用树种。

(2)玉黍米饭

玉米剥皮后,就成玉黍米了,做之前,先用水煮熟,用一大盆加工过后的玉米、风干萝卜条、干豆角皮三种干菜放到大锅里,加上水开始炖,最后等着水分熬煮差不多就停火再配上干菜,非常可口。

5. 村规民约

(1)村规民约一

提高生活靠发展,党员干部作表率。
节约土地千秋功,保护环境碧蓝天。
计划生育要牢记,迷信赌博是祸害。
严教宽爱育人才,宠子宠孙害下代。
村容整洁福寿长,建设新村奔小康。
维护公物共参与,常做公益口碑好。
移风易俗树新风,红白理事崇节约。
邻里宽让和风吹,孝敬长辈传子孙。
厚德载物有雅量,事业有成美名扬。
知荣知耻争先进,传播文明正能量。

(2)村规民约二

提倡爱国爱村,反对损公肥私。
提倡移风易俗,反对封建迷信。
提倡勤俭持家,反对铺张浪费。
提倡夫妻互爱,反对男尊女卑。
提倡尊老爱幼,反对虐待遗弃。
提倡勤劳致富,反对游手好闲。
提倡邻里互帮,反对斤斤计较。
提倡尊师重教,反对溺爱轻狂。

四、鹤壁市鹤山区姬家山乡施家沟村

1. 村落概况

(1)村落简介

施家沟村为省级传统村落,位于太行山山麓东部,在河南省鹤壁市鹤山区姬家山乡西部山区。西南部与林州市东姚镇辛庄河接壤,西北部隔洹河与安阳市相望,历史上曾属安阳、汤阴、林州"三县交界"之地。村落建在南北两岸上,气候属于暖温带大陆性半湿润季风气候,地貌为东岭联结南北两岭呈环形环绕,西临洹河,地质主要有青石石灰岩和白云岩两种岩石。水文为四季分明,降水不均,雨水多集中在7~9月份,春季雨水少,冬季少雪干旱。土壤为棕色褐土,植被以黄棟为主,其他有柿子、核桃、桐树、杨树等多种树木达20多种,乔灌混杂茂盛,生态环境良好。2008年被省林业厅界定为省级公益林区。动物有黑山羊、黄牛、野兔、獾、松鼠。鸟类有山鸡、仙鹤、鸽子等20多种。自然灾害主要有旱灾和涝灾。村落范围集中,分布均匀,布局合理,村落形成的原因为依山临水,青山绿水。布局为东西狭长,南北宽,呈条状沿路布置。

村内姓氏以李、赵、原为主,另有杜、马、王、任等。李姓分布在古桥南岸,赵姓分布在村中街道西侧,原姓分布在村中北部。

村集体基本无经济收入,大部分村民收入以外出务工和种地为主,粮食作物以小麦、玉米、谷物为主。

(2)村落历史

施家沟村落始建于明朝时期。据说原施家沟村在现在村落的东交叉路口的山坡上,当时村民吃水困难,后在村西头,发现河水发源地,由东迁至现在村庄位置。明朝时,村落内有施姓、董姓和任姓。因施姓与董姓有土地纠纷,任姓从中调和。但由于矛盾激化,两姓发誓理亏的一方搬离村落。由于董姓使用了计谋,让施姓落败,后因誓言,施姓迁至他乡,再无消息。后任姓明白原委,遂与董姓绝交,因董姓的计谋,使他们在村落内无言面对村民,后迁至砂锅窑村。从此村内无施姓、董姓。此后刘姓、王姓迁入施家沟村。康熙年间,原姓、赵姓先后迁入,李姓从乾隆二十八年(1763年)迁入至此,直至今日。

以河沟石拱桥为界,桥南岸为林县管辖;桥北岸当街口向西为安阳县管辖;当街口向东为汤阴县所管。村原址在村东部岔路口北坡上,后来为吃水方便,由东向西迁移至此处。村落南北相对而建,东西大道,南北大街,Z形、S形胡同,阴阳搭配,居住合理。明朝时期村落发展缓慢,清朝和民国时期由于村坐落三县交界之处,过往行人商贸云集,呈现一派繁荣景象,发展较快。

1949年中华人民共和国成立以前至1956年隶属于汤阴县管辖。1957年建市后隶属鹤壁市郊区陈家庄人民公社、红卫人民公社、鹤壁集乡管辖。随着历史的变迁,在党和政府领导下,村民们起初由单干发展为多个互助组,由多个互助组发展成为8个生产队,1978年党的十一届三中全会召开以后,实行了家庭联产承包责任制。

(3)重要历史事件

1)打衙差

在明清时期,由于施家沟属三县交叉地界,外来客商云集,打死商人的现象时有发生,被害人所属县衙便派衙差前来施家沟捉人,由于经济发达,施家沟男壮硬汉家中多有枪支,而且枪法绝伦,百发百中,遇上外县衙差横行捉人,便奋起反抗,精诚团结,打得衙差四处逃窜,保护了一方安宁,这就是历史上传下的打衙差。

2)打贼兵

由于贼兵无恶不作(国民党溃败之兵,住在施家沟,白天到周边抢掠百姓粮食物品,晚上回来),村民愤慨,周围邻村在施家沟的精密领导布置下,联合起来,定好时日,以西南北三面合围之势,发动了一次庞大的打贼兵运动,村民手拿长矛、大刀、真枪、土枪,从四面八方围攻过来,吓得贼兵顺山岭向东逃窜,村民追杀到鹿楼一带,将贼兵尽数消灭,此次打贼兵运动,在施家沟的历史上空前绝后,传颂久远,就连远处的响马都不敢踏进施家沟一步。

3)后方医院

在豫北战役中,施家沟村是解放汤阴县的后方医院,村中妇女为配合部队医院救治伤员,专门成立了妇救会,会长张各珍仍健在。在红色历史记忆中,施家沟村妇女也写下了光辉一页。

2. 周围环境

(1)自然环境

村庄地处河流冲积平原地貌,属北温带大陆性季风气候区,日光充足,地热丰富,四季分明,有小麦、玉米、谷物等粮食作物;有大豆、花生等经济作物;家畜有牛、猪、猫、狗、兔、羊;家禽有鸡、鸭、鹅等。

(2)风景名胜

村落位于太行山山麓东段,是太行山景点的组成部分,也是鹤壁市"北斗七星"传统村落的重要节点。

(3)文物古迹

村落内古代建筑存在较多,其中南坪1—7号院、北坪1—5号院比较具有特点,是李氏家族重要的居住场所。在村落西部约1公里处,有关帝庙、古枫树和古石碑。其中石碑属于明万历三十一年(1603年)立,现存400多年,而石碑山脚下的古枫树,存在年代久远,已有上千年。

图 4-15　李家大院一隅

3. 选址格局

（1）村落选址

施家沟村依水临路而建，村落内部有 003 县道蜿蜒而过。

（2）村落格局

施家沟古村落在选址方面的特色和形成的背景主要有四点：一是离水近，吃水方便且水质好；二是村地势呈东高西低，收获庄稼自上而下，省时省力，便于用车人拉；三是从风水脉气易经学说，村北两道山岭宛如两条巨龙，伸头嬉戏河沟流淌的泉水，有"二龙戏水"之美谈；四是在村整道沟无缺口，沟形状像一个聚宝盆，有聚敛财宝、发家旺族之说，寓意美妙。施家沟村的先辈们在选址得天时地利后，就地而建，人口越多，房屋越多，村庄由小变大，不断地向四方扩展延伸。

图 4-16　施家沟村貌

图 4-17　施家沟村建筑

(3) 村落风貌

施家沟传统建筑房屋,建于明清时期,坐落村南北两岸,南北对峙,坐向分坐南向北、坐北朝南,傍山岭作屏,依山靠岭而建,意在挡寒风、御匪患。当地建筑用周围开采的石头为材料,建成的石头民居和山体最终又融为一体。

图 4-18　施家沟建筑群

(4) 建村智慧

依路邻水,随势而居。这里地处山区,耕地资源紧张,先民们就在高起的坡地上开采山石为建筑材料,在采后平整的山体上建房子,形成一级级的台地建筑群。就地取材,节约耕地,也使采光通风最大化。

4. 传统建筑

施家沟传统建筑房屋具有以下特点。

第一,具备冬天朝阳、夏天清凉的特点,阳光明媚,宜居亮敞。

第二,房屋集中连片,主要以起脊石木砖瓦结构二层楼房,建造错落有致,古色古味,古朴端庄,村民世代居住,繁衍生息。

第三,房屋多为五裹三、三裹三四合院建筑群,门楼雕工精细。

第四,院落正屋前皆为石阶,院中青石铺地。

第五,房屋楼高,门小窗小,木门板,有的宅院仍留有土灶、土炕,浓浓的古老气息,让人对古人的生活方式回味无穷。

第六,民居院落的不同地方修筑不同的神龛,用来祭祀不同的神灵。比如宅院大门的两侧或者照壁上修建祭祀门神的神龛祈求出入平安。在正堂入口东侧的墙壁上修筑祭祀"老天爷"的神龛祈求全家健康。在厨房的灶台上还有祭祀灶王爷的神龛,祈求衣食无忧……

施家沟村的先辈们在选址得天时地利后,就地而建,人口越多,房屋越多,村庄由小变大,不断向四方扩展延伸,先辈们为做好防御,局部又圈起了围墙,围墙又设有门,一圈一片,一片又形成了一个胡同,胡同多了整个村庄的结构也变得复杂了,又起了许多小片名,如上街、低街、当街、西地、南地、后碾、后地、西北岭、山北岭、西北坬台、大门里、上石板、东石头、长岭子等,以街口为中心,东西大道,南北大街,与公路形成"T"字形街道,自当街进入可通全村大小"Z"形、"S"形胡同。站高处看村落,一幅古老淳朴,楼房密集,错落有致的四合院落建筑群画面映入你的眼帘,给人一种美的享受、美的感觉,真像是饱尝了一顿美味可口的文化传统村落大餐。

图 4-19 施家沟民居正门

图 4-20 施家沟传统村落

图 4-21 施家沟民居侧墙

图 4-22 施家沟民居局部

5. 历史环境要素

施家沟村的历史环境要素分布不均,散乱地分布在村庄内。村落的四周有起伏的山体,山势起伏不大,适宜开发成为登山休闲的场所,目前未开发。其中村落南部的山体呈现人面像,因人们信佛而成为佛面山。

现有古碑刻一处,位于村庄西部,立于明万历三十一年(1603),是村中重要的保护对象。碑刻南部有一古枫树,存在上千年,既是村庄发展的见证,也是守护着村庄发展的另一个象征性的存在。

村庄内的石器分布不均,但仍然可见,是村庄重要的组成部分。另有古石桥、土地庙和大龟像分布在村落中部。

图 4-23　石家沟村石桥

6. 民俗文化

施家沟村社火流传至今,还有以划旱船为主题的文化娱乐项目。它既是民间文化生活娱乐项目,又是施家沟村传承保留完好的非物质文化遗产。

1979 年,应鹤壁市政府邀请,社火表演团队参加了第一次元宵节文艺宣传演出,演员们精湛的技艺受到该市政府领导和观众的热烈欢迎,荣获集体表演二等奖。

施家沟村社火历史源于清朝年间,由发起人李灵鳌——号称大掌柜一人出资组织成立,特邀请教师传授,培养了第一代演员——赵纯仁等。后赵纯仁亲自培养了原康宝、原日丙、李新卫、赵合全、杜学章等第二代演员,相继又培养了原海生、原用安、原好文、原相周等。传而习之,传至今日至第八代、第九代,代代相传。

社火气壮山河,可为三国交兵之阵,分为刀枪场。表演时,演员持刀持枪,强势如林,阵势强大,精气十足,双目如炬,喊声如雷,如临大敌,彪悍威猛。

旱船属于竹木制品结构,造型精致,与众不同,其长两米,高两米,宽 0.8 米,由顶棚、椀杆、船尾等组成,穿上假肢假腿,以假乱真。船四周各种花灯样式,周边有波涛、浪花、水文、花鸟彩绘,古朴新颖,美观大方,演员 6 人,加上外场十五人,表演时,船如行水上,悠悠扬扬,如风摆柳,多姿多态,着实让人喜欢。

施家沟村社火一路走来,几经风雨,几经艰辛,几经坎坷,百战百胜,迎来了次次大成。在党和政府的支持下,全体演员不懈努力,经久不衰。

7. 生产生活

(1) 特色物产

柿子、核桃、山楂还有高粱和各种野果酿造的美酒。

施家沟的先辈们在选址时,不仅结合了地理优势,也同时看准了一沟两坡肥沃的土地和果实累累的柿子、核桃、山楂和各种果木树,适宜居住,繁衍新生。

施家沟村的柿子、核桃在鹤壁市享有盛誉,这两种果树给村民带来了连年不断的财路,一过白露节,核桃成熟,家家户户都到地里上树打核桃,弄回家来的核桃,用麻布盖住捂几天,再用木板打破青皮,再把脱了皮的光核桃倒进缸里用清水洗干净,太阳下晒几天就可以到市场上卖了。

施家沟的溇柿子最出名,大柿子可以加工成柿饼、柿块儿,那白如雪团的柿饼,甘甜爽口,那柿饼上的白霜治口腔溃疡可为特效,现在可以看到,在农贸市场卖柿子、柿饼、核桃的商贩多数是施家沟人,核桃、柿子已成为施家沟人的经济支柱,已形成了一种产业链。

图 4-24　施家沟溇柿子

(2)商业集市

村子内沿 003 县道有村民自发形成的土特产集市。在农闲时节天天都有。主要是当地村民贩卖些土特产、手工艺品,还有山果、野菜和山里的药材等。

五、鹤壁市淇滨区上峪乡柏尖山村

1. 村落概况

(1)村落简介

柏尖山村位于上峪乡西部,距鹤壁市区 23 公里,隶属于淇滨区上峪乡,地处太行山东麓浅山区,淇河从其南侧山下环流而去,地势高耸,距淇河河面有 100 多米,房屋依山而建,错落有致,街道狭而崎岖,是一个典型的山区小村。因村上有一座白龙庙而得名。

本村构造在太行山的深处,主要的灾害有山体崩塌和滑坡。大气降水是村内的主要水源。本村气候属于暖温带半湿润大陆性季风气候,地貌为丘陵和山地,紧邻淇河上游,该村土壤为棕壤土,质地较为黏重,因山地植被覆盖大,有机物含量丰富,即土壤肥沃。水文为四季分明,降水不均,春季雨水少,冬季少雪干旱。植被为稀乔木、多灌木的杂灌丛类,以灌木为主,灌木树主要有皂角树、荆条,乔木树多为黄楝树和柏树。乔灌混杂茂盛,生态环境良好,动物有黄牛、山羊、野兔、松鼠。鸟类有山鸡、鸽子等多种。

(2)村落历史

鹤壁市古代隶属汤阴县管辖,据《汤阴县志》记载,明永乐十四年(1416年),汤阴县主簿在柏尖山上建威惠龙王庙,明成化五年(1469年)知县尚玑重修,可知早在600年前此地方应当有人居住。《汤阴县志》中所载,汤阴县西南行60里,有山曰柏尖山峭然高大,山下有龙潭、山水名秀,仓峭深窈,斯汤阴县盛处,而有庙祠建焉,曰威惠都龙王之庙祠。笔者对汤阴县盛处中的理解有二,一是风景名盛之处,二是人口稠密,商贸发达,经济繁盛之处。如果依第二种解释,即在明朝此地已形成村落,目前在村内生活的是鹿楼乡后营村迁移过来的王姓居民,据其祖坟墓碑记载,王姓居民在此居住已14世,约300多年,该村村民王佩良介绍,在柏尖山村西有一片坟茔,名"郝家坟",上百年无人祭扫,已成荒冢,是以王姓居民迁来之前,此地由西鹿楼村迁来的郝姓人家居住。

柏尖山是鹤壁市西部太行山余脉众多土丘中的一个,位于淇河北岸,因山顶原有一片柏树林而得名。自柏尖山老辈人描述,原来的柏尖山村,房前房后沟沟壑壑到处长满了百年、甚至上千年的柏树,每棵柏树都很粗,有的树两三个人合拢都难拢过来,最细的直径也有几十厘米,古时村民就地取材,修建房屋,现在村里有上百幢古老民居,虽历百年风雨仍挺立在柏尖山上,与建房所用的梁、檩是硬质木有很大关系。然而在民国初年,村里出了一个恶霸,把很多大柏树砍掉了;20世纪30年代,村里为了抵御溃军土匪的抢劫,把庙里的老柏树卖了,购置枪支保家护院;村西老坟地的柏树也在20世纪50年代砍了卖了购置了山羊,分给各家各户发展养殖业;现在全村只剩下两棵上百年的柏树,因品相不好存活下来,见证了柏尖山村从盛到衰上百年的沧桑。

2.周围环境

(1)自然环境

柏尖山村位于淇河白龙庙的上游北岸,村落陈旧古朴,却占尽了依山傍水的风水和灵气。淇水从村前静静地流过,据此再向东向西两公里,就山大沟深弯多水急了。河道却在这一带敞开胸怀,平直宽阔,睡眠如镜。村居背靠丘陵,与河对岸的山势相对称。山脚下是冲积而成的厚土层,除了交通闭塞,出行不便,柏尖山村可称得上是得天独厚、水土养人的清净幽深之地了。柏尖山村位于南太行山,是太行山系的重要组成部分,属于典型的峡谷、山地丘陵地貌。村落周围山体的岩石构成从谷底到山顶大致可分为前震旦纪、震旦纪、寒武纪三种地质年代。由于地壳运动,部分隆起为断崖、台壁、高山,部分塌陷形成盆地、沟谷,经风剥雨蚀,水冲成丛峰、山壑,造就了太行大峡谷丰富瑰丽、雄浑壮阔、得天独厚的自然山水风光。全村主要产小麦、玉米、谷子,另有红薯、豆类,树木有柿树、核桃树、桃树等十几种,林木繁茂,郁郁葱葱。动物有黄牛、山羊、野兔、松鼠。鸟类有山鸡、鸽子等。

图 4-25　柏尖山自然山水

(2)风景名胜

白龙庙旅游景区位于河南省鹤壁市淇滨区上峪乡白龙庙村的淇河之滨,因村北山冈上有一座白龙庙而得名。相传,很久以前有两条白龙降落于此,出现两条升空的白气,后人就在此建庙并开荒居住,故取名白龙庙。景区面积 0.6 平方公里,为山水型自然风景旅游区。2004 年成立白龙庙景区管理处,正式对其进行开发和建设。传说,古为白龙沐浴之地,素有"九龙朝凤"的美称。景区山青林翠,景致非凡,处处古迹,步步胜景,主要景观有白龙庙瀑布、雷鸣滩、虎出三峡、鬼驮狮子、白龙洞和古代建筑白龙庙、古戏楼等。《水浒传》中详细描述了古代白龙庙的盛景。璀璨的历史文化和秀丽的自然景观相得益彰,赋予了白龙庙景区传奇般的色彩与灵性。

远远望去,盘龙山犹如头北尾南、盘山绕岭的玉龙,故当地人谓之盘龙山。此山原生林木交织覆盖,野花满山,烟雾缭绕,葱葱郁郁,青翠盈目,山巅似走龙蛇,洞穴窈然,香烟袅袅,临河山体,悬崖绝壁,如斧劈刀斫。山体北峰有一粗硕石岩,酷似一持钵化缘的和尚,当地人称"和尚头"。相传北海龙王的儿子小青龙赴白龙庙会东海龙王之子小白龙途经此地,恋此淇河山水景色,便盘绕于此,与山融为一体,享受人间烟火。

青云洞位于西盘龙山上,青龙洞洞高 4 米许,深百米余,可容纳数百人,洞壁峭立,直上直下,自然天成,鬼斧神工,洞顶遍布钟乳,两侧天凿似猛兽图案,如犬似狼若豹,活灵活现,栩栩如生。洞口西壁上方有明万历年间碑文,记载此洞名青云洞,道士胡复林曾于此修炼,得道成仙。

俗话说,淇河沿岸九岩十八洞,洞洞有奇观。位于竹园村北1公里处的淇河西岸,有三个大小不一相距不足十米的山洞,大者名朝阳洞,中者名云阳洞,小者名石壁洞,三洞均高2米余。朝阳洞深30米,宽15米,洞中又有三洞,洞洞有景,别有情趣。云阳洞宽10米,深20米;石壁洞宽5米,深10米。两洞各具特色,别有洞天。据说这三个洞也与胡道长有关。相传魏晋时期竹林七贤嵇康、阮籍、阮咸、向秀、山涛、刘伶、王戎曾在竹园村竹林寺狂喝滥饮,醉卧寺中。翌日顺淇河南下,突遇暴风骤雨,个个如落汤鸡般落魄。青云洞中的胡道长见此情景,施展法术,即在他们身后出现三个洞穴,竹林七贤得以在洞中避雨,免遭风吹雨打之苦。

柏尖山村北与牛横岭交界处有一座山叫牛家山,山体雄浑高大,巍峨壮观,远远望去,像一条横卧的巨大黄牛,它背靠淇河,与太行山相连,牛家山风景秀丽,特别是千年的驴皮石,如今成了冶炼金属镁的重要原料。

(3)文物古迹

柏尖山村不仅拥有秀丽的自然风光,也拥有一些历史文化遗产,如龙王庙、水磨石遗址、明代驻军遗址等。淇河边有个竹园村,竹园村里有个竹林寺。竹林七贤依托竹林寺而盛名传,竹林寺又以竹林七贤而颇负盛名。

很久以前,村里有座竹林寺,建于何年,毁于何日,已无从考证。可考证的是,清朝年间再次拓荒耕作、大兴土木的是距此村西北两公里山顶上马吉岭村的孙兴人家。

郭安元旧宅是一座始建于清朝光绪年间的深宅大院,位于淇滨区上峪乡竹园村,这座宅院的最大特色就是,五座院落除了第五座庭院堂屋只有前门,其余都是前后两个门,且五座院落都在一条直线上,故有"九门相照"的奇观。

白龙庙有着600余年的历史,殿内立着数块石碑,字迹仍依稀可见。一块石碑上刻"柏尖山威惠督龙王庙重修碑记嘉庆二十三年七月初一立",另一块石碑上刻"敕封柏尖山威惠督龙王庙重修碑记大清光绪十七年三月十五日立"。白龙庙有山门、有拜殿、有后宫。山门有一人多高,做工精细,每道砖缝都经过细心打磨。山门为悬山顶,瓦当为兽面图案。

拜殿是一座南北为墙、东西各靠两根柱子支撑的亭式建筑,宽约6米,进深约4米,上方为卷棚顶。四个石柱的柱基约有半米高,上下略粗,中间略细,形如灯塔。柱基上方雕刻有斜形线条,如同莲花;中间雕有四条细细的石柱,如同灯体;下面雕有三角形图案,又配以别致的花形。

拜殿南北两侧的墙壁上,各有一幅彩绘图案。北侧墙壁的图案为猛虎下山,南侧墙壁的图案为龙腾祥云。南侧墙壁的右下角,还绘有一个人和一头牛。王佩良说,这便是描绘白龙王少年时期在地主家放牛的故事。拜殿的大梁上,也绘有二龙戏珠的图案。南北屋脊角的下方,还有石刻装饰。

与拜殿仅有半米之隔的便是后宫。正门上方有块石匾,上书"威惠督龙"四个字。然而,这些字迹在"文革"时期遭到破坏,已模糊不清。王佩良说,"威惠督"是明朝皇帝敕封白龙王的封号。

后宫的墙体有半米多厚,屋顶瓦当上也有兽面图案。后宫南北屋脊角的下方,有莲花祥云的石刻图案。室内的屋顶设计也非常别致,砖块层层重叠,在屋顶上方形成尖顶,每条重叠的线条都整齐划一,可见做工之精细。

"白龙王的母亲是一名渔家女,因长得漂亮而被南海龙王敖钦掳走,后来生下了白龙王。他们母子在龙宫很受排挤,后来有奸人挑唆,要杀白龙王。"王佩良说,白龙王和其母惊慌之下,躲藏在有龙潭的柏尖山村。

相传白龙王和其母就在这个钟灵毓秀的山村中隐居下来。白龙王成年之前,还给附近的地主家放牛、种地。后来柏尖山村的龙潭水干了,他便到附近一个也有龙潭的村子修炼,这个村子就是白龙庙村。白龙王成年后,保柏尖山村及其附近的村庄风调雨顺。村民们感其恩德,遂在村边修建了白龙庙。

3. 选址格局

(1) 村落选址

柏尖山是南太行山众多余脉之一,西北绵延至东南淇河岸边,犹如一条卧着的巨龙,在淇河边喝水歇息,站在淇河南岸向上仰望,山高壁陡,峥嵘崔巍,林木遮盖,满目青翠,村里房屋依山势而建,有高有低,自建村至20世纪八九十年代,通往村里的盘山公路尚未修建,村民出入村庄主要通道是沿淇河北岸一个陡坡,交通十分不便。

因此,村民建房都是就地取材,用石头建房,这些历经百年的石头房密密麻麻聚集村南的山坡上,三分之二的老房子已无人居住,有的因年久失修而坍塌,有人居住的房子保存的相当完好,非常精致,颇有古韵,具有保护价值。近年来,村民发展山区经济或外出打工收入增加,省道大海线从村北穿过,交通有了很大改善,在村北平地上,盖起了几幢富有现代气息的新房。

图4-26 柏尖山石碑

图4-27 柏尖山选址

(2)村落格局

该村的发展轴线是东向西,次轴线是有南向北,公共建筑,如白龙庙在该村的西南方向、九门相照位于该村的正中间,村落具有可观的古村居民,整体保存良好。

图4-28 柏尖山白龙庙

4.传统建筑

柏尖山村居民分布于整个村落,规模可观,保存良好,都是有青石板和砖叠砌而成,入口一般都有青石铺成的台阶。傍山岭作屏,依山靠岭而建,意在挡寒风,冬天朝阳,夏天清凉,阳光明媚,宜居亮敞,房屋集中连片,多建于二层楼房,建造错落有致,古色古味,古朴端庄,门小窗小,木门板,院中青石铺地,村民世代居住。

门窗都还是当年建成时安装的。所有东、西厢房的门窗都是由硬度高、耐用的椿木做成,所有堂屋的门窗都是由材质坚韧、耐腐蚀性强的黄杨木做成。其中,第五座庭院的堂屋门前共有19级台阶,屋门距院子地面约3米高。可以想象,当年"有雄心大志"的郭安元,站在这里居高临下,看着眼前层层重叠的房屋院落,心中该是如何的澎湃激昂。除了日常居住外,宅院还有望哨,起到防止土匪偷袭的作用。

以石头砌筑院墙、屋墙,用石板代替瓦片鱼鳞状铺设屋顶,也是当地居民就地取材的一种建造方式。房子下边用红色岩石砌筑,有的加工平整,有的是粗糙的毛石料。

5.历史环境要素

柏尖山村历史环境要素一共有14种,古水池和鼓风机以及石磨、石碾生产生活设施数量比较少,木雕、石雕、砖雕以及牌匾是用来装饰建筑物的,数量规模可观,主要是起到美观的作用。

六、新乡市卫辉市狮豹头乡小店河村

1. 村落概况

河南省卫辉市狮豹头乡小店河村,位于卫辉市西北 20 多公里处的太行深山区,交通便利,省道翟阳线贯穿而过。全村辖 7 自然村、7 个村民小组。

1943—1944 年为汲淇联县抗日政府办公所在地,1963 年汲县人民政府将其公布为县级文物保护单位,2000 年河南省人民政府将其公布为第三批省级文物保护单位。2005 年,小店河村被评为省历史文化名村。2012 年被国家住建部列入第一批古村落名单。

2. 历史沿革

小店河村,建于清乾隆十三年(1724 年)。由闫氏十世祖闫榜所建。据闫氏家谱记载:闫氏祖居山西林虑,后迁林县吕儿庄,至第九世闫无党时携子南迁汲县,后由第十世闫榜、闫永兄弟二人于乾隆十三年奉母迁至沧河沿岸,在沧河边建一座小店铺,此村(地)因店取名小店河。始建于清代乾隆年间,嘉庆年间续建,兴盛于同治、道光、光绪、民国年间,至今已有 280 年。

3. 村域环境

小店河村地势颇具特色,从远处看像一巨龟,头指沧河,如"神龟探水"。整个村寨都建在龟背上,人们形象地称之为龟背宝地。整个村寨占地 3 万平方米,坐西向东,纵贯南北,由高向低成阶梯式分布,错落有致,现存寨墙、寨门、十座院落、二十三进四合院、八十六座房屋。整个建筑群,既有供前后共行的通道,又有连接各个院落的以八卦形式设计的通道胡同,既封闭独立,又各行其道,四通八达。其建筑风格全部采用明清时期的硬山式结构,分别有民间阁楼式、闺阁绣楼、公子书房、贞节牌坊、后花园等,可谓设计合理,布局紧凑。

图 4-29　小河店寨门

4. 选址与格局

中国传统的生态观认为，人要"自己养活自己"，这种朴素的生态观始终影响着整个古代，小店河传统民居群也明显受此影响，先民在营造聚落时，首先，要选址、择向、看地形、看水源、看自然条件。这就是对住地和环境的选择，然后，在聚落的营建过程中就会顺应自然、因地制宜。小店河所在的卫辉市总地势西高东低，中部低洼，高差分明。地形大致分为三大类：太行山缓慢上升，形成的太行山基岩山丘区；山洪长期冲刷堆积形成的山前倾斜平原；黄河和卫河冲击形成的黄、卫河冲积平原。小店河所在的狮豹头乡位于太行山基岩山丘区的西北部，面积约200平方千米，海拔在200米以上，最高海拔在1000米左右，地势自北向南呈阶梯下降。小店河村北靠苍河，四周苍峪山，山环水抱，中间地势较为平缓，为一谷状平地，有良田千亩。

整个村落整体围合与村落基地衔接得恰到好处，完全融入当地环境，也就是所谓的"村不露村是好村"，建筑与环境相互结合，达到物景交融的境界。由于受到人为、自然灾害的破坏和当地经济、文化落后等多方面制约，且近年来由于年久失修、疏于维护等原因，许多雕刻精美的建筑正在慢慢消失，特别是现存的大量民居多被村民占据，推房新建的现象比较严重，致使建筑破坏严重，大多数正处于毁灭性的危机中，急需对其维修加固。为了更好地保护古村落，村里已经在沧河北边建新村，让村民搬过去，但在旧村中依旧有十几户人家居住。

图 4-30　小河店村落选址与格局

5. 传统建筑

小店河清代建筑群，位于河南省卫辉市西北部太行山狮豹头乡小店河村，2000年公布为河南省文物保护单位，为闫氏家族所建，总占地面积为五万平方米。现存有寨门、寨墙、街道、院落十座，共二十八进四合院，七十八座房屋。寨门面阔一间，坐南面北，砖石结构。寨门以外为瞭望台。十座院落，坐西面东，依次为山门、配房、过厅、配房、过厅、上房，砖石结构，硬山瓦顶。其规格、布局、结构、用料一样。其中第七号院第三进院落，由二门进入，西屋上房五间，进深一间，次间坎墙上装有木雕十字海棠透花槛窗。两配房，北房面阔三间，上下两层，门额上书"守身为大""大清同治五年岁次丙寅梅月，席珍氏建并题"。南屋面阔三间、上下两层、门额上书"作善降祥""大清同治十一年"。第八号院门楼，面阔一间，进深两间，高6米，砖木结构，硬山灰瓦顶，门楣外部整个建筑上的瓦当、滴水均有"福""喜"二字。暗喻福从天降，喜上眉梢。

清代民居，四周由寨墙环绕，内部是封闭的空间，采用我国古代传统式的建筑布局，具有封建时代家庭凝聚力。其建筑既体现了我国清代建筑的传统风格，又具有北方建筑的鲜明特点，达到建筑的功能、结构和艺术的统一，其木雕、石雕、砖雕、雀替、斗拱等以艺术品的形象出现在建筑物上，给人深刻的印象。此建筑群的平面布局，受地形条件的限制，还具有一些共同的规律性，采取纵向扩展，以重重院落相连而构成的组如群筑。整个布局有主有次，前呼后应，一气呵成，是中国古代民居建筑群的优秀范例。

图 4-31　小河店传统建筑

图 4-32　小河店传统建筑侧墙

图4-33 小河店传统建筑局部1

图4-34 小河店传统建筑局部2

七、新乡市卫辉市狮豹头乡里峪村

1. 村落概况

里峪村位于太行山东部山区,属于河南省卫辉市狮豹头乡管辖,当地气候四季分明,属于太行山内高山地带,年降水量较少,土壤贫瘠,植被丰富,动物较少,多年来没有冰冻、旱涝灾害。村落面积60亩,古民居集中分布在河道的东西两旁。里峪村分别有刘、魏、徐、李、马五大姓氏,分布在里峪行政村(没有自然村),110口人,共计40户。里峪村的产业主要依赖销售小米、红薯粉条、核桃。

2. 历史沿革

明代,有个名叫李玉的人逃荒到此,开始繁衍生息,后有马氏、刘氏、魏氏、徐氏等陆续前来定居,后经过几百年的发展,逐渐形成今天的村落。里峪村的人口不断增加的过程,也是民居逐步扩大的过程,这些民居均为石木结构,建筑工艺特点主要以当地大青石为主,依山就势,没有整体规划,由于土地金贵,民居可谓见缝插针。里峪村早在新中国成立之前,就被称为"里峪村";新中国成立之后,进入人民公社时期,改称"里峪大队";到20世纪90年代,再次改称"里峪村",同时由里峪村村两委(支委、村委)治理。

3. 村域环境

里峪村的地貌属于太行山基岩山丘区,因降水、河流侵蚀,断层较多,山峦迤逦,沟壑纵横,主水系呈南北走向。植被以槐树、杨树、桐树、榆树以及梨树、桃树等组成。动物有野猪、野兔等。在里峪村北侧一公里的位置,皇姑庵景区正在开发之中,该景区境内峭壁高耸,植被茂密,包含了自然景观和历史人文元素。里峪村内的文物古迹,首推佛爷洞,佛爷洞又名石佛券,始建于明朝天顺七年(1463年)四月初二。佛爷洞与不远处的金蛤蟆相呼应。最大的特点是,该洞纯粹从石壁内开凿而成,而并非建造而成,故而保存非常良好,具有典型的佛教特征。

图 4-35　里峪村域环境

4. 选址与格局

里峪村两山相夹,荒古自然,古老的主河道从中间穿过,把村庄分为东西两个聚落。选址位于河流缓和地段,有金蟾石、将军石守护村庄,另外的 5 条河道,形成"五龙吵塘,必定出君王"的风水理念。

村庄北侧两条河水聚集后直奔南流,聚落依山势呈梯状分布而建,现存大面积完整、典型的太行古居民。质朴的石舍,淳厚的山民,浑石到顶的农家住院,一幢幢,一排排,依山顺势梯级坐落在峡谷之中、河岸两旁。

村内有古柿树群 40 余棵,最大树龄 200 余年。分布古河道两侧。这里还有典型地质构造现象,也是特殊地貌景观——老豹洞、簸箕洞,洞深平均在 80 余米。

里峪村选址最早以河西岸为主,后随着人口的扩张,河东岸上才有了人家居住。一则是村里的 5 条河道形成了"五龙吵塘,必定出君王"的景象;二则是村庄的名字与村庄的形状相吻合,即鲤鱼的形状,只不过慢慢地演变成了"里峪"二字。

第二篇　河南典型传统村落

图 4-36　里峪村村落

图 4-37　里峪村道路

图 4-38　里峪村胡同

5. 传统建筑

里峪村的传统村落中,南阁楼、北阁楼和刘家茶楼都始建于清代。南阁楼分为上下两层,一层正面有石柱,二层正面敞开。二层的下部兼有花墙;坐北朝南,整体呈青色,屋顶为蓝瓦起脊罩顶;建筑材料为青石、青砖、木料。下层为住宿或做饭,上层主要晾晒衣物和粮食。由南、北两座阁楼和主房、门楼形成的院落,受地理的限制,当时属于一次性建成,后期没有任何改建。

图4-39　南阁楼俯瞰

图4-40　南阁楼正面

刘家茶楼的建筑外观与本村的民居大同小异,坐北朝南,分为上下两层,屋顶为蓝瓦起脊罩顶。为石块、青砖、木质门窗构成,主要是茶楼主人及客人在此饮茶。

图4-41　刘家茶楼正面

图4-42　刘家茶楼背面

6. 民俗文化

在里峪村旁边的山沟里,有一处地方,被祖祖辈辈的人们称为"皇姑庵",究竟是哪朝哪代的皇姑呢?

相传早在殷商末年,纣王凿池储酒,悬肉如林,所谓"肉林酒池",整日饮酒作乐,不理朝政,昏庸无道,百姓怨声载道,诸侯渐有离心。而纣王采纳妲己谗言,以酷刑镇压百姓,设炮烙以惩叛逆。

到周武王十一年(1120年),武王看到纣王众叛亲离,联合各诸侯,讨伐殷商。双方在牧野展开了一场恶战,即著名的牧野之战,只杀得天昏地暗……其间,纣王大败,玉门丢失,纣王逃上鹿台,双方进行最后拼杀,欲登朝歌寨据险而守。最后,纣王见大势已去,遂派亲信将宫室中的皇亲护送出去,但遭遇诸侯联军的几次围杀,皇亲慌乱失散;纣王之女携几名宫女逃到里峪的这处山沟里,避开了追杀。

后在此避难期间,白天不敢外出,只能在夜间打探消息。当她获悉武王大获全胜,纣王鹿台自焚的消息后,整日以泪洗面,痛不欲生,身体日益衰弱,最后忧郁而死。

此后,人们把皇姑住过的地方称作"皇姑庵"。到目前,这里仍然有"皇姑庵"的遗址、窑址和碑刻。

八、新乡市辉县市沙窑乡郭亮村

1. 村落概况

沙窑乡郭亮村位于辉县市西北部60公里处的太行深山区,是国家AAAA级旅游景区——万仙山景区的重要组成部分,总面积15平方公里,辖4个自然村,6个村民小组,林地10700亩(全部为国家公益林),全村以发展家庭旅馆为主导产业。

郭亮村具有较为丰富的自然和人文旅游资源,共有影视村、崖上人家、喊泉、白龙洞、莲花盆等50多处景点。由于植被覆盖率高,且平均海拔较高(1400多米),这里成为有名的避暑胜地和豫北地区冬季滑雪胜地;又因山峭、红岩绝壁、地质遗存较多,又成为著名的写生基地,全国各地100多家美术院校将此定为写生创作基地,每年接待写生的学生和老师一万多人。这里还是著名的影视基地,1992年以来,在此共拍摄了《清凉寺钟声》《举起手来》《战争角落》等60余部影视剧,世人冠以"中华影视村"之称,已故著名导演谢晋曾三上郭亮,对这里的民俗风情和优美风光赞不绝口,誉其为"太行明珠"。2005年,郭亮村被评为河南省特色文化名村。

图4-43　郭亮村全貌

图 4-44　郭亮影视城

图 4-45　郭亮村获誉"写生基地"

图 4-46　郭亮村乡村旅游

2. 村名由来

在东汉末年,连年灾荒,加上地主和封建官府的剥削压迫,民不聊生。太行山区的农民儿子——郭亮,率部分饥民揭竿而起,反抗压迫,农民纷纷响应,跟随郭亮,很快形成了一支强大的农民队伍。当时封建王朝慌了手脚,屡次派兵镇压,只因山高路险,皆遭失败。后来,就采取了封官许愿的办法加以利诱,当时郭亮手下有一名将领名叫周军,投降了官府,被封为"平西大将军",率领官兵前来镇压。因寡不敌众,郭亮只得退守西山绝壁,后因周军围困,粮草断绝,郭亮急中生智,让士兵将战鼓与山羊悬挂在树上,羊四蹄乱蹬,鼓声咚咚日夜不停。同时,郭亮令士兵从山背后用绳索系下绝壁,安全转移到一自然村(今"会逃站")。人们为纪念郭亮,在建村时便将村名取为"郭亮"。

3. 村域环境

沙窑乡郭亮村与晋城陵川县古郊乡昆山村交界,坐落在海拔1700米的高高悬崖上,坐标为北纬35°43′56.0″、东经113°35′53.0″。郭亮距郑州110公里,距离新乡50公里,距离陵川30公里,距晋城60公里。去郭亮旅游可以乘京广铁路线到新乡站下车,换乘新乡到郭亮的旅游车,也可以乘新乡到辉县再转乘到郭亮或到南坪的交通车。郭亮村内现有旅店,吃住都很方便。

周围有很多溶洞,有红龙洞、白龙洞、黄龙洞,洞内倒悬的钟乳石千姿百态,形神各异,发人遐思,引人入胜,令人叹为观止。这里的风景自然称其为雄、壮、险、奇、古、秀,山水秀美,奇石名木,猕猴攀跃,谷幽崖高,枫叶吐丹,以奇绝水景和绝壁峡谷为特色。西北部山区,有猕猴、山豹、野猪、飞鼠、金丝鸟、百灵鸟等数十种珍稀动物,银杏、青檀等十几种珍贵植物。盛产山楂、核桃、板栗、苹果、柿子、葡萄、桃、梨、杏、梅等果品,其中山楂产量居全省第一,是全国著名的山楂生产基地。有山萸肉、杜仲、全虫等中药材600多种。

村落的西南和东南有两条河流,现在由于上游雨水稀少而演变为季节河流。村落西北面靠邻大山,东北部是整个山岭的最高峰——莲花盆。村庄和两条河流之间是两条主要街道,通过千余米长的绝壁长廊与外界相连。整个村落的选址依照中国传统风水理论的原则,"负阴抱阳、背山面水",背山可以阻挡冬季北向的寒风,面水可以迎来南向的季风,朝阳具有良好的日照,缓坡避免淹涝之灾,依托自然环境营造出相对较为封闭的空间,有利于形成良好的小气候。此外,由于地处太行山脉腹地,排洪沟分布于村庄外侧,避免了山体滑坡和泥石流带来的灾难。

1972年为让乡亲们能走下山,13位村民在申明信的带领下,卖掉山羊、山药,集资购买钢锤、钢锉,在无电力、无机械设备的状况下,全凭人力,历时五年,硬是在绝壁中一锤一锤凿出2万6千立方米的一条高5米、宽4米,全长1300米的石洞——郭亮洞,于1977年5月1日通车。这条绝壁长廊,被日本裕田影视公司惊称为"世界第九大奇迹"。

图 4-47 郭亮村村域环境

图 4-48 郭亮村壁挂公路

4. 选址与格局

村庄的轮廓呈矩形，建筑群沿山体顺势分布，东高西低，中部区域则较为平缓。北侧为山体，地势陡峭，植被良好。南侧临泄洪道，整个地势为东北向西南的坡向。几十户人家依势坐落在山坳里，错落有致，参差不齐。民居依山势而建，层次分明，形成高低错落、变化有序的外形轮廓层次感很强的建筑群体。青石垒墙，白灰粘缝，蓝瓦盖顶，木门木窗。村落的西南和东南有两条河流，现在由于上游雨水稀少而演变为季节河流，河水水源来自山顶的融雪。郭亮村除了沿着西南和东南两条河流的外围道路以外，村内有横向的 8 条小巷，房屋多沿着街巷布局。由于地形起伏，街巷随着山坡地势变化曲折，路面铺有石板或土筑。不规则的水平街道交通和起伏变化的山地特点，造就了郭亮村独特的垂直交通空间和公共空间。早期村落的交叉路口往往设置为磨坊、商店以及休憩场所等，称为村落交通系统的若干个节点,使其具有不同于一般聚落的独特景观价值。公共空间主要为村口广场空地和村内路旁空地等。

郭亮村延续千年,是村民对自然环境的极致利用以及形成稳定而完整的生活圈的最佳证明。村庄选址与格局巧妙地融入自然,传统建筑及农业生产充分地利用地形地貌,使得郭亮村在较小生存空间内创造性地保存与发展。这些都是现代社会所需要汲取的人居智慧。

图4-49 郭亮村全景

5. 传统建筑

郭亮村地处太行山腹地,独特的自然环境造就了村庄以石材为主的建筑风格或特色,其坚固、耐久的材料特性使这些山地民居保留至今。这些房屋最早为清末民初所建,经历了上百年后仍然保持了其主要的使用价值。石灰岩和板岩是郭亮村的主要建筑材料,以前主要是手工开采。房屋的墙用块石垒砌或浆砌,砌石接缝紧密,线条层次匀称,工艺精湛,房屋造型美观大方。

建筑形式主要是三合院,院内为正房和东西厢房,并设置有照壁。院落接近正方形,院中使用方砖铺地。院落布局满足了各房间的采光与通风需求,同时也是家务劳作、接客待友、休息聊天以及敬神祭拜的场所。正房是整个住宅中最重要的部分,占据了最好的朝向与位置。院落与厢房层层递进的作用也是对正房的烘托和陪衬。正房一般是两层,其中一层居住,二层主要用来储存。三开间一进深,石头砌筑的墙体厚约50公分,整个建筑高约6至7米,采用木石结构,石头墙体承重,二层的楼板和屋架采用木质,屋顶为硬山双坡屋顶。厢房也是两层,但比正房要低。厢房分东西两侧布置,一层居住,二层用来存储,建筑结构与正房相仿。郭亮村民居的宅门一般为木质,位于正房的中轴线上,是独立式随墙大门,双坡硬山顶,门额雕刻装饰。宅门与影壁相对,避免打开大门时看通宅院。

郭亮村独特的历史背景和地缘特点决定了原住民以自给自足的农耕生活为主,相对封闭的生活环境,缺少和外界进行交流的机会,因此建筑装饰比较简单,以实用为主,雕刻工艺比较粗糙。郭亮村运用较多的装饰符号主要是窗户上的钱纹和龟背锦以及屋脊上的鸱吻、走兽,主要利用动物所代表的吉祥特征,来表达避灾、祈福的愿望。

图 4-50　郭亮村入口

图 4-51　郭亮村民居外观

图 4-52　郭亮村民居内院

6. 非物质物化遗产

郭亮村历史悠久,文明源源流长。这里有太行山古朴的民俗风情、有历史传承的民间旱船文艺表演、有辉县市非物质文化遗产王莽撵刘秀的传说故事保护遗址、有东汉末年周军困郭亮"悬羊擂鼓"的传奇故事。关于郭亮这座太行深处小村庄的由来,当地妇孺皆知的一个说法是:这里曾是西汉末年农民起义军首领郭亮据守抗击朝廷的地方,他在这里打败了王莽的部队。后来王莽搬兵卷土重来,将小村铁壁合围,面此窘境,郭亮机智地用悬羊擂鼓的办法骗过敌军,顺利地沿山路撤到了山西境内。后人为了纪念郭亮,就把这个村庄命名为郭亮村,而郭亮悬羊擂鼓的那个地方,命名为会逃寨。还有当地农民诗人宋保群,编写了很多赞美郭亮村的诗歌,如:"石凳石桌石头房,石磨石碾石桥梁。石头道路石院墙,石头栏杆石碑廊。"

7. 村落人居环境

郭亮村内道路全部为元代时期的石头路面,道路下面铺设有自来水管道、架设有线电视线路,有卫生室一所,道路两旁架有路灯,摆放有灭火器、垃圾桶;村内垃圾拉到村外垃圾处理站集中装车到外镇进行深埋处理。村周围有绝壁长廊、天池、红岩绝壁大峡谷、天梯、崖上人家、汉柳、鸳鸯石、喊泉、瑶池、白龙洞、珍珠泉、莲花盆等景点,铺设有生态滑雪场,森林覆盖率达到95%以上。

九、新乡市辉县市南寨镇齐王寨

1. 村落概况

齐王寨始建于春秋战国末期,秦始皇统一中国时,将齐国齐王建全家从齐都押至辉县,囚禁在苏门山上,齐王建忧郁愤恨而死,其长子被诛,次子隐居避难,三子逃至太行山中,见此处地势险要,易守难攻,便在此安营扎寨、招兵买马,决心灭秦复齐,并自立齐王,齐王寨因此得名。齐王寨拥有两千多年历史,是辉县最古老的山寨。

齐王寨村位于辉县市南太行深山区南寨镇境内,海拔1200米以上,距辉县市55公里,位于河南、山西两省,辉县、陵川、壶关三县交界处,包括6个自然村,6个村民小组,占地面积7.6平方公里,森林覆盖率85%,村内群山竞秀、层峦叠嶂、沟壑纵横,飞瀑流泉,既有雄壮且苍茫的石壁景观,又有妙曼而秀雅的山水风韵,是南太行旅游度假区的重要组成部分。传统建筑在本村保存基本完整,建筑多以石头建筑为特色。曾有多部电影在此拍摄,如《举起手来》《春去春又回》等。

图4-53　齐王寨村落环境

2. 选址与格局

齐王寨村坐落在海拔 1200 米以上的悬崖峭壁上，群山环抱之中，该村依山傍水而建，村西有古河道从村边而下，全长 8 公里，山势奇特，山清水秀，洞奇潭美，潭深溪长，质朴的石舍，淳朴的山民，混石到顶的农家院、四合院，依山顺势而建，与四周群山浑然一体，齐王寨以其古朴秀丽的独特的魅力吸引大批游客，也深受影视厂家、艺术家赞美，是名副其实的太行明珠，全村古老建筑基本完整。

图 4-54 齐王寨民居依山而建

图 4-55 齐王寨传统民居

图 4-56 石板路 1

图 4-57 石板路 2

3. 历史传说

齐王寨的名字,相传始于秦初。如今,与当年有关的齐王楼、齐王宫、练兵场早已难寻踪迹,唯有这个地名,倔强地把那段历史传说至今。公元前 221 年,齐国最后一任国王田建被秦嬴政贬黜到百泉湖畔的苏门山上死去。田建有一幼子,被随从冒死救出,一直跑到豫晋交界的这座高山上,隐名埋姓住下。老随从弥留之际,对田建幼子倾诉了酸楚的过去。田建幼子在老随从的墓旁,结庐守护三年。三年里,他闻鸡起舞,攻读史籍兵书。他从山下请来铁匠,日夜打造兵器。他在老随从的墓前杀牲祭旗,宣称"齐王",誓言要杀回临淄去。为了复兴大业,小齐王规定了森严的军纪,颁布了几十条法律和刑罚。

传说小齐王的王后姓钟,家住齐王寨不远的岭上村。钟姑娘脸蛋黑,头发黄,两腿短,胳膊长,村里人都在背后叫她"丑姑娘"。丑姑娘大大咧咧,不爱读书,专爱习武,一双铁棒锤舞起来水都泼不进。一天,丑姑娘到村外采桑,"噌噌"几下就爬到树杈上,边采边唱:"桑叶青,柳叶黄,齐王选我做娘娘。桑叶黄,柳叶青,齐王选我做正宫。"这件事被小齐王知道了,便带人直奔岭上村,指名道姓要会会丑姑娘。丑姑娘手掂铁棒锤对着小齐王说:"你别瞧俺丑,赢不了俺手中的铁家伙,俺还不嫁你哩!"小齐王哈哈大笑说:"赢不了你,俺给你倒插门拉犁种地当女婿!"二人说完,便你一棒槌我一枪地比起武来,从太阳初升到日薄西山,二人也没分出个输赢。丑姑娘的老爹出面打圆场说:"二虎相斗,必有一伤。齐王爷若不嫌弃丑姑娘,老汉当尽全力为她置办嫁妆。"小齐王两手一拱,说:"有她那双铁棒锤,还要甚嫁妆?"丑姑娘随小齐王上了齐王寨,也许是常到齐王谷的碧潭中洗浴的缘故吧,几个月后,脸蛋也不黑了,头发也不黄了,活脱脱换了一个人儿。

4. 村落人居环境

齐王寨村道路全部是明末时期用石头铺的路石,村内设有电视线路、无线网络,有卫生所一处,道路两旁架设有路灯,摆有灭火器、垃圾桶,标准公共卫生间,垃圾统一外运深埋处理,村前有绝壁长廊、龙凤潭、一剑天、秀水峡、太子湖、妃子池,村内有齐王楼、齐王桥、喊泉、梦泉,村四周绝壁环抱,山上有水龙圣母洞,上有老梯,下有小梯,十几个山泉瀑布分布山中,森林覆盖率达85%以上。

图4-58 齐王寨石头路

图4-59 齐王楼

图 4-60　齐王寨溪水潺潺

十、濮阳市清丰县双庙乡单拐村

1. 村落概况

单拐村历史文化街区占地 180 亩,主要分布于该村传统的东西大街两侧,主要街巷胡同基本保持了原来的历史布局。在历史文化街区包括革命文物保护区内,保存下来的传统建筑包括文物建筑基本上集中连片分布,保存较好,建筑群体风格统一,布局相得益彰,空间变化错落有致,轮廓线条亲和有力,建筑立面丰富多样,建筑拔檐线条流畅,墀头简洁明快,小垂花门式门楼极具当地建筑特色,为豫北地区规模最大保存、最完整的清末民初时期的居民建筑群。其合理的构造,简洁的形式,宜人的尺度,用材的自然,朴素淡雅的色调,精美的木雕、砖雕、石雕,反映的民族性、地域性十分明显,保存了以黄河为依托的中原汉文化与周边文化圈相互渗透、相互融洽的丰富历史文化信息,体现了生态宜居、人与自然的高度和谐。即使后建民居,也基本延续了传统的建筑风格,充分体现了传统建筑工艺的强大生命力。

单拐村的革命文物建筑,承载着悠久的革命历史脉络,是冀鲁豫边区军民浴血奋战抗击日本侵略者的历史见证,现存豫北地区保存较完整能够反映边区军民鱼水情的纪念性建筑近 40 处。近年来,该村革命旧址先后被公布为全国重点文物保护单位、全国爱国主义教育示范基地、全国红色旅游经典景区、国家 AAA 级景区等,对宣传我党我军的光荣历史和优良传统,振兴民族精神,激发民族自豪感,发挥了并将继续发挥极其重要的宣传教育功能。

2. 沿革

(1) 历史沿革

单拐村初建于明洪武年间,历史传统街巷成形于清朝中期。位于清丰县双庙乡东北4公里处,南与西南庄村相接,西与东安上村相邻,北与桂寨村相望。相传以明洪武年间单姓人氏从山西洪洞县迁于西南庄村北面而取名单拐。据调查,洪武迁民时,还有胡姓人家迁于单拐与东安上之间,称为胡家,但与单拐为一个自然村,对外统称单拐。

(2) 建制沿革

单拐村自建村以来,一直属清丰县管辖,曾先后为直隶省、河北省、平原省属地。现属河南省濮阳市清丰县管辖。

(3) 修建沿革

咸丰元年,建陈氏祠堂(又名大春祠堂,该祠堂券门上方至今保留有"大春祠堂"字样的砖雕),并陆续建了东、西厢房,大门和穿堂,成为一座完整的四合院。与此同时,单拐村和西南庄村还联合夯筑了土寨墙,建了东、西、南三座寨门,并在寨门上设置了自制土炮。冀鲁豫分局、冀鲁豫军区司令部机关在陈平的引荐下,于1944年9月从观城红庙迁至单拐,一直到抗战胜利。随即,军区又在此成立了军事工业部、军区第一兵工厂(华丰机器总厂),并于1946年4月成功研制了我军兵工史上第一门大炮——"盖亮式"七十毫米步兵炮。1980年,单拐旧址被命名为清丰县第一批重点文物保护单位,1986年被命名为河南省第二批重点文物保护单位,2006年被命名为第六批全国重点文物保护单位。部分重点文物建筑陆续得到修缮。

3. 村域环境

单拐村位于清丰县东南部,双庙乡东北4公里处,南与西南庄村相接,西与东安上村相邻,北与桂寨村相望。单拐村地处黄卫平原,黄河冲积扇的北缘地带,地势较为平坦,总体地势西南高东北低。单拐村属于暖温带大陆性季风气候,四季分明,其特点是春季干旱多风,夏季炎热,降水量较大,秋季凉爽,日照较长,冬季寒冷,雨雪偏少。夏季多偏南风,冬季多偏北风。

冀鲁豫边区革命根据地旧址(清丰)由38处组成。主要包括文物建筑(群),即北方局电台旧址、冀鲁豫军区报社旧址、冀鲁豫军区医院旧址、邓小平旧居、北方局办公室、警卫员住室、北方局宣传部旧址、北方局组织部旧址、苏振华旧居、北方局青年运动委员会(简称青委)旧址、王宏坤旧居、冀鲁豫军区作战部旧址、冀鲁豫军区参谋部旧址、平原分局旧址、宋任穷旧居、杨勇旧居、黄敬住室、冀鲁豫军区司令部机关食堂旧址、冀鲁豫军区政治部旧址、曹里怀旧居、朱光旧址、冀鲁豫军区第一兵工厂旧址、冀鲁豫军区民运部旧址、战友剧社旧址、大众剧社旧址、民艺剧社旧址、军需四科旧址、冀鲁豫军区后勤部旧址、冀鲁豫军区通讯连旧址、分局秘书处（张玺住室旧址）、军区直属队队部旧址北院东厢房、军区侦察连旧址、北方局妇委会旧址、军区卫生部共34处，以及文物建筑遗址，即酒作坊遗址、民艺剧社旧址南厢房基址、军区侦察连旧址东厢房基址和曹里怀旧居东厢房遗址共4处。

图4-61　冀鲁豫军区纪念馆

图4-62　冀鲁豫军区第一兵工厂　　　　图4-63　第一兵工厂旧址仓库场景复原陈列

图 4-64　中共北方局旧址门楼

图 4-65　平原分局旧址门楼

图 4-66　中共北方局办公室

图 4-67　宋任穷同志旧居

图 4-68 王宏坤同志旧居

4. 村落选址与格局

单拐村位于河南省濮阳市清丰县双庙乡,南与西南庄村相连,西与西安上村相接,北去1华里与桂寨村相望,历史文化厚重,是河南省历史文化名村、河南省首批特色景观旅游村,2010年被列入全国红色旅游经典景区。该村最早形成于明洪武年间,单姓、胡姓人氏与西南庄村的杨姓、刘姓、肖姓人氏最早迁入此地,因单氏家族人口相对较多,又分布在西南庄北,故取名单拐村。在抗日战争时期曾是中共中央北方局、冀鲁豫分局(亦称平原分局)、冀鲁豫军区司令部驻地。解放战争初期,冀鲁豫军区在此成立了军工部和第一兵工厂。单拐村历史街区和核心文物保护区,自20世纪80年代开始进行保护,历史街区、文物保护区内的街道、胡同基本保持了原来的历史布局,主要大街为东西大街,历史建筑、文物建筑均为土木或砖土木混合建筑,青砖蓝瓦,墙体多为青砖和土坯或夯土墙混合结构;早年历史街区周围建有土寨墙,有东、西二座寨门,并与西南庄村共用南寨门,均在1949年后拆除。至今,该村仍保留历史上形成的东南、西北两处坑塘。村西、村东南直通潴泷河的自然排水沟,近年西南庄村镇建设隔断堵塞,无法使用,一到雨季极易形成内涝。后建民居建筑风格风貌基本延续了传统的建筑风格,但是体量和色彩上与传统民居有所差异。

图 4-69　单拐村传统小巷

图 4-70　单拐村民居外景

5. 传统建筑

(1) 第一兵工厂（陈氏祠堂）

位于单拐村东,是一处砖木结构的四合院式建筑群,原系单拐村陈氏祠堂,始建于咸丰元年(1851年),占地面积16000平方米,总建筑面积360平方米。

大门面北,建于清朝统治八年(1869年),高5.89米,面阔2.92米,进深3.46米,在墀头下方墙垛上分别雕刻着"福""禄"字样,门框上门悬挂"祠堂"横匾。正殿建于咸丰元年(1851年),坐北朝南,面阔11.1米,进深7.65米,单檐硬山顶,抬梁式木构架。干搓瓦屋面,正脊为高浮雕缠枝牡丹花图案,两端安放龙吻,垂脊下部安装甲鱼、狮子。室内梁枋做工精细，荷叶墩雕刻精美，透雕缠枝花卉纹雀替。六抹格扇门上有透雕蟠龙、花卉图案。梁枋施以黑、白、灰、蓝、红色彩绘，图案多为云纹、回纹、波浪纹和编织纹等，充分体现出豫北地区的地方特色。

正殿前左右两侧各有厢房3间，面阔9.97米，进深5.43米，单檐硬山顶，前游廊，南屋为5间穿堂，面阔15.08米，进深7.84米，硬山顶，前檐出檐较深，后檐为封护檐。

图4-71　第一兵工厂

（2）邓小平旧居

1945年3月，邓小平率领中共中央北方分局进驻单拐村。普遍发动群众进行彻底的减租减息，极大地推动了边区民主民生运动的广泛深入开展，对进一步充实边区物质储备、迎接战略大反攻，具有极其重要的意义。党的"七大"期间，邓小平同志作为"七大"代表，虽然一直留在单拐工作，但仍被选为中央委员。直至6月下旬，接到毛泽东示电才离开单拐赴延安参加七届一中全会。在单拐，邓小平同志工作了3个月，是其一生中在河南连续生活工作时间最长的地方。

邓小平旧居东院现有正房三间，面阔10.5米，进深4.5米，西厢房3间，面阔9米，进深4米。南院有正房（北屋）3间，面阔8.8米，进深4.3米，西院有正房（北屋）3间，东、西厢房各3间。该旧建筑均为砖木结构，抬梁式木结构，干搓瓦屋面。东、西两院北屋沿街而座，屋面后坡在中檩处变为平顶，后檐墙高出屋檐1米左右，结构独特，外观端庄，是单拐村一带独有的建筑风格。旧居大门为半圆券拱门，砖木结构，单坡顶，女儿墙是用青瓦摆成铜钱透空图案的花墙。

图4-72 邓小平旧居内部装饰

图4-73 邓小平旧居

6. 民俗文化

正月十七去上坟,是清丰县双庙乡单拐村周边的祭祖风俗。这里祭祖的日子每年为正月十七、农历七月十五、十月初一,由本姓子孙祭祀,他姓人一般不参加;为刚去世的长辈上坟,通常为三天添坟(家人参加)、五七烧纸、头周年和二周年及三周年烧纸(子女及亲朋都可参加),常规性的两次也按时进行;之后进入正常的一年两次情况。现代的祭祀,并不是迷信,而是借此表达对先人的怀念。

秧歌,系民间歌舞,1949年前夕最为时兴,表演人数不限,表演着身着彩衣,手持彩绸,腰系彩带,脚踏锣鼓点,边歌边扭,有时伴以打花棍,边打边唱边扭。近年来,随着改革开放不断深入,村民生活逐渐富裕,秧歌遂又盛行,一则欢庆太平盛世,一则强体健身,丰富精神文化生活。

十一、濮阳市华龙区岳村乡东北庄村

1. 村落概况

东北庄村隶属于河南省濮阳市华龙区岳村乡,位于濮阳市华龙区东北部。东北庄村是因习演、传承"杂技"而聚集的村落,历史悠久,文化灿烂,建筑文物与重大事件并容,历史和人文两种文化特色兼具,系中国杂技文化的重要发祥地之一,与河北吴桥并称"杂技两故里"。村内的传统建筑——胡同,集中在村庄南部,体现了东北庄的历史渊源和文化内涵,现基本保存完整,至今仍有居民居住。

该村有着习演杂技的悠久历史,这里的民间杂技早在三国时期就已经流行,清朝年间达到鼎盛,曾代表清政府到亚洲各地演出,为国争光,被慈禧亲授宫灯和瓷壶作为奖赏。勤劳智慧的东北庄人不断地将杂技艺术发扬光大,1949年以来,为国内外输送杂技精英1000余人,其中担任各地市杂技团团长的就有37人,可谓流派纷呈,名家辈出。仅1993—1998年,从这里走向全国各地的杂技演员连续5年在世界杂技大赛中获世界最高奖——奥地利丑小鸭奖,轰动了全世界。近年来奥地利、加拿大、意大利、日本、俄罗斯、新加坡等国家新闻媒体到此寻根求源。濮阳民间杂技在美国迪士尼乐园常年演出,很受欢迎。杂技已成为东北庄人生活的一部分,在这里上至九十九,下至刚会走,人人有一手。全村2800余人,40%的人会演杂技,许多老人身怀绝技。2001年6月,东北庄被中国杂技家协会命名为"中国杂技之乡"。2008年6月,东北庄杂技被国务院录入第二批国家级非物质文化遗产名录。2009年7月,东北庄被命名为河南省杂技文化特色旅游村。2013年12月,东北庄文化园区被省委宣传部、省文化厅命名为首批"河南省特色文化基地"。

2. 选址和格局

东北庄地处平原,交通便利,依托天然形成的潴龙河,水资源十分丰富,土地肥沃,适宜农业的发展。

东北庄村村落占地670亩,整体为不规则的长方形,路网十分复杂,主要干道为东西贯穿全村的两条干道,南北走向的胡同有近百条,但是主干道和胡同都十分狭窄,主干道仅能并行通过两辆车,稍微宽点的胡同能通行1辆货车,窄点的胡同仅能供村民出入。在村南有条自然形成的河道,是村里进行灌溉和供水的唯一途径。

能反映东北庄村历史文化的古迹基本都在村的南侧,这是东北庄村发展的起点。现村庄整体风貌还保存在原始的拥挤状态,还能看到东北庄村的发展变化。

3. 传统建筑

东北庄村隶属于濮阳市华龙区岳村乡,这里历史悠久,文化灿烂,建筑文物与重大事件并容,历史和人文两种文化特色兼具。抗日战争中后期(1940年4月—1945年5月)冀鲁豫抗日联合中学于1940年4月在这里成立,1945年春,中共中央平原分局和冀鲁豫军区司令部驻清丰单拐期间,分局的酒厂等后勤保障单位就设在东北庄。东北庄曾是中国杂技南故里,是中国杂技的起源地,其杂技形成于明朝初期,鼎盛于清朝末期。明朝中期该村就有十几个经常外出的演出团体,清朝光绪年间,东北庄乔治清多次奉清朝皇帝之命率领"乔家班"到日本、马来西亚、菲律宾、印度等20多个国家演出。国内多家媒体曾聚焦东北庄,对东北庄进行了多角度、全方位的宣传报道,许多国际友人为探讨杂技起源不断到东北庄寻找杂技之根。

东北庄村村镇建设保持了自明万历二十年(1592年)以来不同时期的建筑风貌。其中重点历史文化保护区的居民建筑均为青砖蓝瓦,梁柱齐全,有多处建筑拔檐线条流畅,墀头简洁明快,砖雕做工精细,具有明末清初和清末民初时期北方居民建筑的典型风格,代表了中原建筑文化的时代特点。在重点保护区内,街道、胡同基本保持了原有的历史布局,村民表现出了较高的文物保护意识。

华龙区东北庄村现保存传统布局街道、胡同9条,传统建筑70余座,分布集中,保存完好。其中保存有明代胡同即"冀鲁豫抗日联合中学"、中共中央平原分局和冀鲁豫军区后勤酒厂、刘来祥(刘二花枪)、乔家班、刘家班、李家班等旧址40处,这些文物建筑,以明代胡同建筑年代最早,建筑工艺最好,保存最为完整。

明代胡同建造于明万历二十年,由1个临街门楼和9个独立小院构成,是典型的明末清初建筑。临街门楼原高5.6米,屋脊上雕有6兽(龙、凤、麒麟、狮子、老虎、鸽子)等,房檩上书写有"明万历二十年修建",房顶用八砖砌顶,嵌椽头上雕刻有花纹,门头上也有许多雕刻、木刻,站板上雕刻有灯笼等装饰品,大门为双极管式实木门,做工亦极精细。1957年阴历六月,因房屋高大遭雷击坍塌,现存建筑为雷击后的修缮部分。

胡同长110米,由9个独立小院分列胡同两边,对门而建,正房面阔三间,配房两间,硬山抱厦里出抄,青砖墙壁高丈余,方椽八砖屋顶,室内雕梁画栋,做工非常精细,整个梁坊以黑、白、灰、蓝等色彩绘,图案多为云纹、回纹、波浪纹等,充分体现了民间艺术特色,窗户为方木花格式,门为双极管式实木门,做工精细。此胡同为当年刘家班旧址和"冀鲁豫抗日联合中学"校舍,各院内古柏森森,杨柳依依,果树飘香,环境非常幽静。

图4-74 老建筑院落

图 4-75 清代胡同

图 4-76 传统民居局部

4. 历史传说

传说宋朝天子赵匡胤在位期间,澶州一带洪水泛滥,民不聊生,盗贼蜂起,威胁到江山社稷。在一个迷雾茫茫的早晨,赵匡胤带领随从来到濮阳登澶州城察看洪水险情。朦胧中忽见水中有个像猪一样的水兽正和一条龙在水中作战,那水兽甚是凶猛。赵匡胤寻思:"我乃堂堂一国之君,真龙天子,这水兽与龙搏斗,乃我不祥之兆,我何不助水龙一臂之力将怪兽射杀。"想到此时,不由得气冲丹田,从随从手中取过弓箭搭弓一箭,射中水兽的右眼。水兽疼痛难忍,知是赵匡胤所为,发誓要拱 1 万里,造成水灾淹没大宋江山。就这样,它忍着剧痛,从澶州城下,拱啊拱,拱啊拱,当它拱得筋疲力尽,疼痛难忍时,就问:"到了什么地方?"当地人回答:"万家。"于是它自认为拱了 1 万里,就停止了。事实上,万家是个村名,在清丰县内,离澶州城相距不过 30 千米。说来也巧合,澶州城和万家恰巧是今天潴龙河的源头和终点。

5. 东北庄杂技

汉朝时,我国杂技艺术已基本形成,叫作"百戏"。东汉末期皇室衰弱军阀混战争夺地盘,曹操和吕布在濮阳展开了一场大战。结果吕布战败被曹操杀死。吕布死后,吕家失去了靠山,吕布的父亲带领家人逃到现今的东北庄避难。为了维持生计,吕布的父亲把在皇宫中见到的"百戏"技艺与吕布的武艺中的一些元素糅合在一起,带领家人以卖艺为生,一代一代传下来。明朝初期大迁居时,现在的东北庄村的乔姓、刘姓、李姓先后从山西洪洞县迁居于此。东北庄地处黄河故道,土地贫瘠,加上连年灾荒,村民生活困难,于是就形成了推车挑担、游走乡村、设地摊把戏的谋生路子,至此,东北庄杂技开始形成,东北庄杂技繁盛时期则在明末清初。中华人民共和国成立后,东北庄杂技生机勃发,更加璀璨夺目,该村的杂技力量成为濮阳市杂技团和河南省杂技团的主要基础,从东北庄走出的杂技精英有 400 余人,其中国家一级演员 22 人,担任各省、市杂技团团长的就有 37 人。

东北庄杂技历史悠久,源远流长,是中国乃至世界杂技的故乡之一,其杂技真正起源于三国时期,形成于明朝初期,鼎盛于清朝末期。自元末明初至今,在该村传承已有 500 多年,从未间断。以该村从事杂技的姓氏人家先后而论,刘姓最早,乔姓次之,李姓最晚。明朝初期的"刘家班",就以闯江湖干杂耍为生,以家庭为单位,走乡串村,赶会赶集,搭地摊,设明场,表演打拳、杂耍、玩猴等节目。清朝乾隆年间,"乔家班"兴起,代表人物是乔恩海。道光年间,乔姓艺人搭班河北吴桥马戏班献艺。乔恩海之孙乔志清与吴桥女艺人张良芝结为夫妻,从此两家技艺结合在一起,技艺门类增多,也更加精湛,演出盛况空前,影响深远。该班曾奉清政府诏命由乔志清率团到日本、印度、菲律宾等 20 多个国家演出。光绪年间,慈禧太后还亲授"乔家班"万寿龙灯两盏、瓷壶一把,以彰其技优。清朝中后期的"刘家班"也有很大发展。嘉庆年间,刘金祥、刘来祥、刘元祥、刘凤祥刘氏四兄弟比较有名,其中有"刘二花枪"之称的刘来祥更是名扬江湖。宣统年间,刘新月、刘甲臣、刘天佑、陈登玉、李公鸡等组成的"老虎棚"演出也盛极一时。"李家班"形成于清朝末年,清末民国初期,李公鸡从"刘家班"中分出单干,其子李全法后又拜长葛翟老幺、开封赵占彪为师,渐成大家,后又单干,成立了"和平国术团",活跃于我国川、陕、豫、鲁、晋各省。李全法于1936年在西安为东北军演出,并以"五千斤大力士"硬气功节目,博得张学良将军赏赐骏马一匹,得张将军送艺名"菜包"。民国初年,东北庄杂技艺人在上海"大世界""楼外楼""三十门层楼"剧场及武汉、南京献艺,名誉大江南北。此时期,濮阳一带纷纷兴起的一些杂技班派团体大部分与东北庄"乔家班"和"刘家班"有着姻亲或师徒等密切关系,如从"乔家班"分出了濮阳县"谷玉山班"和"翟守堂班",清丰县肖金贵的"金兴马戏团"和南乐县许宝林的"前进马戏团"。其中,师从"乔家班"第三代传人乔志清之子乔殿臣的谷玉山有"金大力"之称,崔守堂有"草上飞"之称,表现了其硬气功技艺和轻功技艺的精湛。1934年乔殿臣率其"国光文艺武术团"在日本演出时,因受当地刁难而诉讼官府,凛然无畏,据理力争,不辱国格,被誉为"有胆识有骨气"的艺术团体,时年其家中的姐妹乔玉红、乔水莲、乔水香已成为闻名遐迩的"杂技姐妹花"。抗日战争、解放战争时期,"刘家班"演员刘文诚、刘进实等人,多次为刘邓大军慰问演出,获得官兵一致好评,还被当时的中共中央文化部长张国楚奖"火炬"一把。中华人民共和国成立后,社会主义的新制度使东北庄杂技艺人焕发了青春,许多杂技精英纷纷奔赴全国各地,成为国家一些省、市正规杂技团的骨干,如沈阳杂技团的刘香真,武汉杂技团的刘梦黑、刘夫录,西藏杂技团的乔三磨,宁夏杂技团的乔福田,上海杂技团的刘相宝,河北杂技团的刘春山,山西临汾杂技团的刘贵景,等等。特别是经东北庄杂技班派和从该村"乔家班"分出的"李家班""崔家班"为班底,成立了濮阳县杂技团,并随着濮阳市的成立又演变成市级杂技团。其中,该村的李全法为团长的杂技骨干后来还成立了安阳杂技团。此外,四川万县杂技团的人马几乎全是东北庄"乔家班"人员。因此东北庄杂技对我国现代杂技的发展做出了很大的贡献。新中国成立初期,该村许多杂技精英奔赴全国各地之后,村里成立了"红星马戏团","文革"时期停演。改革开放的新时期,该村杂技虽没有大的发展,但一直演练不断。

图4-77 慈禧太后赐予"乔家班"的瓷壶

东北庄杂技的传承至今仍在良好的发展,现村内尚有专门习演杂技的人员400余人,东北庄村人"上到九十九,下到刚会走"都能表演一些简单杂技。村内杂技小院走出来的杂技精英就有 300 余人。现在村内每周都要开展杂技传习活动,每月还要对杂技新节目进行交流。还经常组织团体到附近县区进行义务演出,每年演出近 200 场次。在地方党委、政府的关心支持下,于 2002 年投资 200 多万元,在该村南建立了"濮阳杂技苑",作为练功、表演的场所,并依托该苑成立了东北庄杂技艺术学校。

十二、鹤壁市淇县黄洞乡纣王殿村

1. 村落概况

黄洞乡位于淇县西部,纣王殿村位于黄洞乡西南部深山区。纣王殿村东北距鹤壁市区 20 公里,北距安阳市区 58 公里,西距卫辉市区 25 公里、林州市区 60 公里,南距新乡市区 42 公里、郑州市区 120 公里,东距濮阳市区 75 公里。京广铁路、107 国道、京珠高速公路在其乡域外围的东部通过。

纣王殿村辖上纣王殿、下纣王殿 2 个自然村,6 个村民小组。纣王殿村距县城 52 公里。村民年人均收入 1098 元,属省级贫困村。全村共有耕地 300 亩,人均耕地 0.92 亩,在正常情况下水浇地 10 多亩,干旱时都没法浇地,基本上是靠天收。村内种植农作物多为小麦、玉米,另有少量红薯、谷子等杂粮。全村共有宜林荒山 15820 亩,人均荒山面积约 52.7 亩,经济林木主要是核桃、花椒、柿树等。

纣王殿村因殷纣王曾到此避难而得名。卫辉、淇县、林州三县交界处即位于纣王殿村南山,海拔 1019 米,俗称"三县脑"。纣王殿平均气温比平原低 2~3 摄氏度,又因山势陡峭,奇形怪状石头较多,每年夏季都有大量外地游客到此游玩。该村依山而建,群山环抱,植被葱郁,百鸟啾鸣,气候宜人。这里不仅有丰厚的历史文化积淀,还有令人流连忘返的山溪、瀑布、奇石、洞穴,更有鲜美的山果和纯朴的民风,是一处极具开发价值的旅游宝地。

2. 村域环境

村庄沿西北至东南方向的谷地两侧依山而建,高低错落,非常别致,很有朝歌远古遗风,古老朴素,犹如世外桃源。城中道路曲折缠绕,千回万转,犹如迷宫,号称纣王殿石头城,八卦古民居。

村庄外围沿着山体是层层梯田,最外围是太行山支脉,山势陡峭。

图4-78　纣王殿村村落风貌及周边环境

3. 选址与格局

纣王殿村位于黄洞乡西南部,深山区,整个村庄沿西北至东南方向的谷地布置,村庄中部有道路沿山谷方向,通往村外一直延伸至S305,村庄背山面水(村前有季节性的水系)。

纣王殿村坐落于太行山支脉谷地,树木茂盛,山清水秀。建于清代时期。

图4-79　纣王殿村选址与格局1

图 4-80　纣王殿村选址与格局 2

4. 传统建筑

纣王殿传统民居建筑群,整体布局沿山谷腹地排列,依山傍水,山环水绕,建筑依山而建,高低错落。

整个村庄由四合、三合和二合院等形式组成,街巷曲折,随着地形变换,空间变化丰富。民居建筑堂屋为两层,厢房为一层或二层,两层建筑底层为居住,二层为仓储,一二层之间用木质楼板分隔。建筑墙体用石块和条石砌成,用泥土和石灰抹缝,门窗为木质;建筑的二层用泥灰抹平,外涂白色石灰涂料。一般为灰瓦坡屋顶,青色石块墙体。

图 4-81　小巷子

图 4-82　庭院深深

图 4-83　房屋全貌

图 4-84　山墙一角

十三、鹤壁市淇县灵山街道办事处赵庄村

1. 村落概况

赵庄村位于河南省鹤壁市淇县县城西部,隶属于灵山街道办事处。东临大海线(S222)和新规划的107国道,在建鹤辉高速在村南通过,并在东部大海线(S222)设有高速出入口,交通便利。村域范围总面积为12.59平方公里,包含东赵庄、西赵庄、窄狭、地谷岭和碾沟5个自然村。

赵庄村姓氏除赵、冯两大姓外,另有李、蔡、王、杨、程、牛、孔、申、刘、梁、魏等姓。窄狭村均为贾姓,地谷岭仅有徐姓弟兄两户人家。全村主要产小麦、玉米、谷子,另有红薯、豆类,树木有柿树、核桃树、桃树等十几种,林木繁茂。

2. 沿革

(1) 历史沿革

赵庄村始建于商代,据传赵庄原叫李家庄。清朝乾隆年间,赵姓始祖赵发财被一个自称其家人的男子带到李家庄,托付给李员外当伙计,做放牛娃,当时年方十三四岁。李员外问他姓啥叫啥,他竟说没名没姓。李员外拿出《百家姓》让他点字为姓,他说:"我就姓《百家姓》第一个姓'赵'吧。"李员外见其聪明能干,就为其取名"发财"。后人推测,赵发财十三四岁,不可能不知道姓甚名谁,极有可能是官宦之后,家遇不幸,为躲避灾祸,才隐姓埋名。赵发财长大后娶了媳妇就在这个村里安了家。他们闸沟造梯田种庄稼,开垦荒地栽种树木,繁衍生息,人丁兴旺,后来成了村里的大户,后来李家庄就叫成了赵庄。

(2) 修建沿革

赵庄村原有9个自然村,随着时间的推移,分散居民点出现弊端,较少的自然村向较大的自然村聚集发展。现仅存5个自然村,其中两个自然村的人口较少,仅有两三户。

3. 村域环境

赵庄位于南太行山,是太行山系的重要组成部分,属于典型的峡谷地貌。

村落共5个自然村,或建于半山腰,或建于峡谷,或建于山顶。随坡就势、绿树掩映,路、水、林、房浑然一体,虽为人工、宛若天成,极具特色。村落布局因地制宜,房屋错落有致,形成了人与自然和谐共处的村落景观。

图4-85 赵庄村域环境

图4-86 赵庄村落景观

(1)灵山寺

灵山寺创建于南北朝年间,修于唐朝开元,寺以灵山为主,取心诚则灵。灵山寺四周十景闻名遐迩。一曰威严少进,二曰群峰耸翠,三曰列柿流丹,四曰一经莲壶,五曰半岩风雨,六曰九天鸣佩,七曰巨崖走叫,八曰双剑横秋,九曰东海龙吟,十曰西山虎啸。灵山寺景观有女娲峰、古佛宫、女娲宫、玉带河等主要景点40多个。

自灵山寺向南有朝阳山,半山腰有朝阳寺,始建于东魏武定七年(549年),依山建造,遥望如空中楼阁,故称悬空寺。朝阳寺,四季向阳,冬季阳光普照,暖意融融。有诗赞曰:千峰浮晴霭,飘飘蔽云空,登高时寓目,身人碧云中。

(2)清凉庵

清凉庵在朝阳寺西山坡,碾沟顶端,壁立千仞之下,绿树成荫,清净凉爽。庙对面壁下有6个石洞,洞内塑像、摩崖题记众多,妙趣横生。

(3)三佛寺

三佛寺位于红卫水落石出库北侧,临袁大线,寺内有灵光阁,门楣书"花开见佛"四字。寺北有灵光湖。站立石崖边,山色苍茫,鸟鸣清脆,微雨靡靡,凉风习习,十分畅意。

(4)朝歌寨

朝歌寨,在村域西南,系太行山群峰中险峻的一峰,海拔700.3米。《山海经》曰:朝歌山。殷纣王在山上建寨屯兵后,就叫朝歌寨了,又因其古老,所以又叫老寨。

朝歌寨,壁立千仞,四面皆悬崖峭壁,沟壑纵横,深不见底,山峰如削高不可攀,只有山鹰绕着峰巅盘旋。自古以来上朝歌寨只有一条羊肠小路。沿山南半山腰小道,绕过山头,由北侧迤丽而上至豁口,真乃"一夫当关,万人莫开"。那是一个令初上者眼晕的豁口,再沿峭壁攀登而上,石蹬悬垂,前者就立在后者的头上,为防人坠崖,古人在此处设有栏杆,至今峭壁上还留有铣凿的石眼。一路上景色壮观,抬头可见崖缝里长出的挺拔的青松,绽蕾开放的果树,随风摇曳的野花,等等。越过峭拔之路,可以一口气登上山顶。放眼远眺,双乳峰、馒头山层峦叠嶂,不见尽头,使人心旷神怡;俯视山下,村落秀美,梯田层层,麦苗青青,菜花金黄,以及满山野花的清香,沁人肺腑。如诗如画的美景,令人陶醉。

山上地域开阔,有数十亩大。明《淇县志》记载:"朝歌寨,是殷纣王避兵之所,今遗址尚存。"首先映入眼帘的是金銮殿遗址,长 28.76 米,宽 12 米,残高不等,高者达 4.4 米,条石有 3 米多长,在此险峻的山上,建造如此宏大的工程实属罕见。殿前有饮马池,往西一百多米的地方,尽是大青石板,上面布满密密麻麻的马蹄印,传为殷纣王驯马时所致。金殿遗址东是山巅,但较平坦,坡很敞,上面奇石遍布,石上尽是纵横沟壑,似人工雕琢,有人说这是殷纣王留下的石刻甲骨。再往东一百多米远,尽是黄土覆盖着的坡地,很肥沃,上面长满厚厚一层野草,相传此叫"回楼秀"。有人在这里开荒种地,曾挖出过商代铜箭头、铜头盔、陶等。山上还有殷纣王跑马岭、拦马墙、碓臼窑、戏场子等。

（5）收粮洞

在朝歌寨山北半山腰绝壁处有收粮洞,相传殷纣王收的粮食放在此洞,故名。进深 120 米,宽 3—5 米,高一般在 10 米左右。洞口虽不算大,但到了龙王庙地方便大起来,内部阴森,凉气袭人,洞顶滴水,尽头有集水一池,投石有声。洞口石壁上有明代李宇光的摩崖石刻一首:"古洞流云滴玉华,琼浆金粟列仙家。鸾骖一去无消息,惟风险岩锁翠霞。"赞美收粮洞及其周围的景色。

4. 选址与格局

3000 多年前殷纣王帝辛曾在村域内南部山区屯兵训练,当时之所以选择赵庄,是因赵庄这特殊的地理环境,处于深山老林,相对隐蔽,同时又地势险要,易守难攻。正因为此,古村落才得以保存完好。

村域内的古灵山据说是女娲修真处、纣王降香处、《封神榜》故事发生地,村域有纣王采暖行宫朝阳寺,纣王避暑行宫清凉庵,清代古民居石头城古村落。

赵庄村传统村落在选址上,多以山为背景,背山面水,藏风聚气,选址基本符合传统风水学说对于村落外部环境的要求,即"背靠主龙脉生气的主山,左右是左辅右弼的山体——青龙白虎,前有水流绕过,水的对面有山体对景"。村落选址注重村落的大环境,背山面水,临水而居,符合"高勿近阜而水用足,低勿近水而沟防省"的选址理念,是乡村聚居环境建设的典范。

村落多依山而建,因地制宜筑台建在不适宜耕作的沟坡地上,建筑呈曲线或折线,沿等高线平行布局,以"之"字形的小路迂回徘徊其间,既高低错落又层次分明地与地形很好地融合在一起,在小环境的营造上体现出了较好的传统风水观,是建筑与环境融合的典型代表。这对研究古代村落选址中趋利避害的原则与方法具有极高的科学参考价值。

图 4-87 赵庄村落格局

5. 传统建筑

民居建筑堂屋为两层,厢房为一层,一二层之间用木质楼板分隔。建筑墙体用石块和条石砌成,用泥土和石灰抹缝,门窗为木质;建筑的二层用泥灰抹平,外涂白色石灰涂料。灰瓦坡屋顶,青色石块墙体。偏房为一层砖混结构,平屋顶。

图 4-88 20 世纪 50-70 年代民居院落

图 4-89　赵庄传统民居

图 4-90　赵庄传统民居院落 1

图 4-91　赵庄传统民居院落 2

2015 年 12 月,赵庄入围第三批"河南省传统村落"名录。

2016 年 11 月,赵庄入围第四批"中国传统村落"名录,是国家和河南省重点保护村落。

6. 非物质文化

（1）殷商文化和女娲文化

淇县古称朝歌,曾是纣王时期商朝的都城。赵庄村域内古灵山景区位于县城西 15 公里处,是国家 AAAA 级旅游景区、中国最佳文化旅游景区,是女娲修真处、纣王降香处、《封神榜》故事发生地。主题文化是女娲文化和殷商文化。主要由六大游览版块组成:纣王降香处——女娲宫主景区,纣王采暖行宫——朝阳寺,纣王避暑行宫——清凉庵,清代古民居石头城——凉水泉,天下第一铜顶,佛教圣地——灵光阁,现存的主要景点有:女娲宫、女娲峰、女娲池、太公湖、玉带河、醒目泉、古佛洞、补天阁、灵峰、财神沟、龙潭峡等二百余处,自古就有"灵山抱妙寺,神泉涤心埃"的美誉。古灵山自古就是群仙汇聚的风水宝地,始建于殷商时期,是封神榜故事发生地,人祖女娲修真处。南北朝梁普通年间,由曾出任京城昭统寺大统、纲领全国僧尼四十年的著名高僧、朝歌人法上在此修行。唐永徽六年(655年),高宗皇上曾特召灵山寺长老法一到长安垂询佛事,唐开元年间,灵山寺又得以重修。这期间,寺院所辖面积500余亩,高僧200余人,古磬阵阵,木鱼声声,游客云集,香火旺盛。寺西侧有女娲宫,相传是纣王降香的地方。

(2)石匠艺术

石头房的建造艺术:村因地处深山处,自村落形成以来,村民建房就地取材,劈山凿石,自发形成这种石头房的建筑艺术,并代代相传,保留至今。

他们加工的石头很精细,并且建房垒石头墙垂直平稳。因此,邻村建房时经常用该村的石匠。

(3)登高节

赵庄村一带包括黄洞乡、北阳镇西部等山区在20世纪60年代前每逢农历七月十五日晚上,有登高赛鞭民俗。每年七月十五日是这一带的牲畜节。一方面,快要农忙了,牲口要犁耧耕耙出力了,这一天让牲口吃一顿好的饲料,以示优待;另一方面,这天晚上,男人们每人用榆树皮拧一把大鞭,登上最高的山峰,与邻近村庄男人比赛,看哪个村男人打的鞭响。每当这天晚上,整个灵山口鞭声呱呱响,回音传数里,好不热闹。这一节日也叫"登高节"。20世纪70年代后失传。

十四、济源市邵原镇双房村

1. 村落概况

双房村属于河南省济源市邵原镇管辖下的行政村。

双房村位于济源市西部山区,东与王屋山国家风景名胜区毗邻,西与东阳河为伴,南傍黄河小浪底水库,北邻华北原始森林小沟背景区。

双房村属于暖温带季风气候,四季分明,气候温和。春季气温回升快,多风少雨;夏季炎热,降雨集中;秋季秋高气爽,气温降幅较大,雨量减少;冬季寒冷,雨雪稀少。累年年均温度12℃,累年年均降雨量567毫米,累年年平均相对湿度70%。

双房村属于王屋山的低山丘陵地貌,土薄石多。河滩多碎石,两岸谷地至山脚地表多覆黄土,是适宜耕种生活的集中区域。

东阳河从村西穿流而过。另有山泉穿村而行,村民引水为渠,把泉水引入村内。形成最早的自来水。

但双房村毕竟在山区腹地,靠近华北仅存的原始森林。再加上近年来退耕还林,恢复生态。野生动植物资源得到了较好的保护和发展。在周边山林里还活动着国家一级保护动物金钱豹,以及其他野生动物野猪、野鸡、黄鼠狼、猫头鹰等二十余种。山中还有大量的野葡萄、橡树、木耳等山珍野果,以及国家保护植物连香树、青檀、魏石、山白树、岭林青木等十余种。

双房村地处山区,偶尔会有山猪出没,庄稼遭到破坏,造成部分经济损失。

全村主要有霍姓、王姓、秦姓、付姓、杨姓、李姓等家族。霍姓家族占全村的40%,秦姓占30%,余下姓氏占30%。各姓氏在村中共居一起,相互融合。

2. 历史沿革

明朝洪武三年(1370年),明朝政府将人们从山西洪洞县的大槐树下迁来河南,按四口之家留一、六口之家留二、八口之家留三的比例迁徙至此。

明朝末年,天下大乱。乱世英雄李自成四处游走,挥兵起义,从邵原镇歇马店进入双房村。当时村中有两座染房,生意鼎沸,李自成将其命名为双房。后一直自称双房村。

双房村为自然村,一直隶属邵原镇管辖,邵原镇在历史中的建制不断更改,但双房一直隶属邵原从未变动。

1958年正式成立双房大队,1983年正式命名为双房村。

3. 村域环境

(1) 自然环境

双房村东靠王屋山支脉东达岭,西靠东阳河畔。村子建在河畔额冲积平原上,属于王屋山的低山丘陵地貌,土薄石多。仅河谷两岸至山脚地表多覆黄土,是适宜耕种生活的集中区域。

(2) 风景名胜

双房村向东15公里为国家4A级景区,王屋山风景名胜区。该村据邵州古城遗址约6公里(邵州古城遗址正在搜集挖掘中),距离小沟背风景区4公里。

4. 选址与格局

明朝先人从山西省洪洞县大槐树下迁移与此,看到村中有两棵千年古槐,此处土地平整,水源丰富。就定居于此。

双房村虽地处山区,却位于东阳河河谷平原。土地肥沃,水源充足便于灌溉,村庄沿河而建,呈南北布局。适宜生产。

双房村沿河而建呈南北布局,村庄院落多坐东向西。夯土建筑鳞次栉比。

图4-92　双房村鸟瞰图

5.传统建筑

该村传统建筑聚团而建,沿河分散。

古民房以三合院居多,坐东朝西。均为土木结构,附以土坯砖填充或直接整体夯筑而成,屋顶用荆条编织的篱笆覆盖后涂抹泥层,上覆砖瓦以遮蔽风雨。

在房屋内再用木梁上铺木板、荆席或竹条,隔成两层。架木梯上下连通。上层为阁楼,存放粮食杂物等;下层为住房,作为日常生活起居使用。

在上下层隔板的梁上会人为的插上4根木条,两两为一组,再绕上草绳,目的为吸引燕子进屋搭窝。当地人俗称"三窝土蜂,两窝燕",寓意着生活吉祥。

在屋门木门槛一侧开一个小口,叫作猫洞,是方便家猫进出而留的出入口。

在院门两侧的墙壁上会开一到两个壁龛,以供奉土地神或者门神,以保佑全家平安。

图 4-93　当地民居院落内部

图 4-94　当地民居南侧院门

6. 村落人居环境

双房村东靠大山,沿河而建,村中植被茂盛。村落掩映在林木之中,静谧、自然。向西面向河谷,一片沃土。村民耕作于此,辛劳耕作、自给自足。

双房村享用山体峡谷之便利,大山阻隔寒风,峡谷输送水气,光热充足水源充沛。山中林木野果取之不尽。

村民因地制宜就地取材,向河取石筑基,向山采木为柱,向地借土立墙。手工夯筑起一栋栋自然纯朴的土生建筑。屋舍与大地融为一体，与山林相映成趣。

村民在屋顶为燕子搭窝，在门槛为猫鼠留洞。人与自然与动物共生一片天地，和谐互助生机勃勃。

十五、济源市思礼镇水洪池村

1. 村落概括

水洪池村位于济源市西北部豫晋两省交界处，隶属于思礼镇，距离市区38公里，北与阳城县押水村接壤，南邻郑坪村，东邻克井镇勋掌村，西与阳城县西山村相邻，属于典型的深山区，东北角邻国家级蟒河自然旅游风景区，东南有山清水秀的九里沟自然旅游风景区相伴，海拔1470米，山顶奇岭遮掩，宛若城墙，使这里成为一洼平地，俗称"天池"。特殊的地理环境形成了独特的山顶小气候，盛夏最高气温不超过28℃，这里风景秀丽，气候独特，是旅游、休闲的好地方，是理想的避暑胜地。水洪池村自古交通闭塞，与世隔绝。有石板路面、转脚石楼、石磨石碾，民风古朴。千百年来，这里一直是"山高皇帝远"的地方，官不收税，民不交粮，素有"世外桃源"之美誉。

水洪池村总面积13110亩，其中森林面积8260亩，耕地面积230亩，退耕还林200亩。全村共辖3个居民小组。水洪池村以农业生产为主，农民收入主要以山茱萸、中药材、核桃等经济作物为主，部分村民以养殖牛羊为主要经济来源，农作物以小麦、玉米为主。

水洪池村分苗、李、元、崔、范等多姓合居。村落中苗姓人口最多，占全村人口的42%。改革开放前，绝大多数人沿山坳居住，后来经济条件好转，部分人迁至省道沿线居住，由此形成点、线分布居住区。沿省道及周边有大池、东庄、小池、西庄、狸虎巴、蝙蝠洞等6个居住点，占地60亩。

2. 历史沿革

村南水神庙前因古时洪水冲出一个大水池得名，俗名大池。水洪池村地处群山包围之中，周边奇岭遮掩，宛若城墙，使这里成为一洼平地，俗称"天池"。在这块平地的中央，有一水塘，每逢雨季，水池里总满雨水，供居民长年饮用。故水洪池村由此得名。有石板河，河底石板如面，以为河名；辖红石堂，村北有一石龛，石呈红色，形似家户堂屋，故名；辖狸虎巴，此地发现老虎，故名；辖蝙蝠洞，区内有无底洞，居无数蝙蝠，故名。

这里古木参天，民风淳厚，有陶渊明笔下"暧暧远人村，依依墟里烟"的恬淡闲适；这里群山如画，净空如洗，令人心旷神怡，尘俗顿释；这里周围四岭环拥，气候独特，盛夏与市区气温相差5～10℃，是避暑的好地方。

目前保存较好的清代建筑群充分显现了薪火相传的水洪池村200多年的近代村落文化史。

"穷归山富归川,战乱进深山。"但山有家债有主,当时水洪池的山分两大家:岭南归涧北王祠堂,岭北归勋掌苗祠堂。

乾隆年间,天下大治,大部分土地都被地主霸占,致使一些穷人种粮无地,无法生存,李姓在山西生活不下去,携老扶幼,钻进这深山老林,以三亩地租开荒造田,在大池搭草房居住。接着苗姓家族在山下穷得叮当响,住进西庄沟下石坎内,以烧木炭担到山下换粮为生。紧接着,原、崔等姓相继迁入,住进各沟小岔,最多的时候水洪池村达到15个居住点。

村落内的古建筑群由旧县委院落、庙宇和三十余套合院民宅组成,分布在省道沿线5个居住点之内,以大池村最为集中。纳入统计的古建筑总建筑面积为5万平方米,有房100余间,占地面积约60余亩。这些古建筑基本上都是苗姓、李姓资产,建筑年代为清代、民国。从李氏先祖清乾隆年间迁住水洪池开始,历经八代约200年,形成当今看到之规模。古民宅多为2层建筑,由正房、两厢、客厅、辅助用房等组成。古建筑80%保存良好,部分倒塌或改变了现状。

除了个别大户的宅院,缺乏构建大宅能力的住户,一般人家建一栋建筑住人。

民国时期,这里曾设保,管辖方圆多村。1955年建思礼中心乡,1958年成立公社,1983年改乡。1997年,面积74.4平方千米,人口2.5万,辖思礼、北官桥、三河村、三河寨、荆王、石牛、北姚、范寺、涧南庄、张村、涧北、庆华、西柴庄、高庄、三教堂、立城、城岸、竹园沟、史寨、西宋庄、姬沟、郑坪、水洪池23个行政村。2006年辖27个行政村:思礼村、北官桥村、三河寨村、三河村、荆王村、石牛村、北姚村、范寺村、涧南庄村、张村、涧北村、庆华村、西柴庄村、高庄村、三教堂村、立城村、城岸村、竹园沟村、史寨村、西宋庄村、姬沟村、郑坪村、水洪池村、牛湾村、洛峪村、黄庄村、夏神村。2007年末,思礼乡撤乡设镇,水洪池为思礼镇的一个行政村。

3. 风景名胜

(1)仙人桥

位于水洪池虎板岭,横跨悬崖,天然形成,桥下是深谷万丈。"桥"是支撑在两边悬崖间的一块巨石,又称"天桥"。相传当年八仙在九里沟仙人洞居住,每天都要到仙果洞采仙果,但两洞之间有深沟,过往不便。鲁班师傅正好路过这里,就用唾沫粘成石块,搭成这座天桥。

(2)虎板岭

水洪池村北的豫、晋交界处,有一巨石,酷似一虎卧于石板之上,虎头和前腿悬于空中,呈觅食状,故名。此处一岭分两省,虎石为界碑,越此岭便到达山西省蟒河自然保护区。这里自然景观极佳,绝壁陡起,林木茂密,深秋季节,更是满山红遍,层林尽染。

(3)滴水盆

水洪池龙宫洞群东有一山脉,峰尖排列如锯齿,名曰"锯齿山"。山上流下的泉水在崖下积成水锈,形状极似熊猫。在"熊猫"头上,又形成一水盆,从崖壁上滴落的缝隙水正好落入盆中,故名"滴水盆"。

(4)仙果洞

仙果洞位于水洪池村仙人桥北的虎板岭东南侧。洞阔7米余,深约30米。洞中内高外低,错落有致地布满大小不等、状如鱼鳞的小水池,人称"仙果池"。池中有许多小如桑葚的石粒,专家考为形成于1亿年前的边坝石。传说食此石粒可延年益寿,故又称其为"仙果"。

(5)千年溶洞

千年溶洞位于水洪池村东北约600米处的龙珠峰腹部,海拔1200米,乘车可直达。现已探明有3个洞厅。第一洞厅长35米,宽9米,高30米,洞中钟乳石发育极佳,形态各异,多姿多彩。第二厅长约10米,宽5米,高8米,以石瀑、鹅卵石以及晶族状钟乳石群为特色。第三厅长约10米,宽3米,高约7米,洞中钟乳石状如海螺、石柱、石瀑,在灯光的映射下,五光十色,光彩夺目。

(6)黄龙洞

黄龙洞在仙人桥东。其洞深邃莫测,有泉水自洞中流出,有一龙骨化石,形象逼真。进洞20米处,有一天井,相传有黄龙出没于此,能兴云布雾,呼风唤雨。每遇大旱,当地百姓常于洞前祈祷,求龙降雨。

(7)凤凰洞

凤凰洞位于水洪池村西南。洞阔约4米,深数十米。洞内有水,石壁清幽,寒气逼人。因有成群蝙蝠栖于洞中,白天成串挂在洞顶,入夜成群飞出洞外,又名"蝙蝠洞"。凤凰洞的来历源于一个传说。水洪池村有一对青年男女,男的叫金凤,女的叫玉凰,二人从小青梅竹马,形影不离。步入二八年龄,金凤长得清灵俊美,玉凰也出落得妩媚动人。忽一天,村里来了一个算命先生,说玉凰面相极贵,静若观音临坛,动若凤凰舒翼,日后定能母仪天下。玉凰父母信以为真,便把玉凰限制在石砌的阁子里,等待日后大富大贵。金凤听说玉凰被囚,天天痛心流泪,如痴如呆,锄禾不知苗,吃饭不觉味,一天天消瘦下去。玉凰得知后,也天天默默哭泣。时遇吕洞宾临凡,送金凤瑶琴弹奏《凤求凰》,于是金凤就天天夜里坐在山头上弹唱。一个月明星稀之夜,玉凰化成了一只彩凤,高飞云端;金凤也展翅飞向天空。两人在空中自由飞翔,此情此景,感动了上帝,让这两位有情人在"蝙蝠洞"举行了婚礼。从此,人们就把这个山洞称为"凤凰洞"。

4.文物古迹

(1)济源县抗日民主政府水洪池办公旧址

建筑位于水洪池村中心区,建筑建设于清代。

1942年7月,晋豫区党委在阳城土河建立了济源县抗日民主政府,县长由晋城县抗日民主政府县长范俊瑞同志兼任,亦称晋济抗日县政府。济源县抗日民主政府成立后,争取了国民党李宗轩部,组建了"济北抗日游击大队",后扩编为"济源县抗日武装大队"。1943年6月,济源县委、县政府到济北沿太行山一带活动,曾驻水洪池村办公。县委、县政府带领县大队,深入群众,开展减租减息,宣传抗日,在沿山一带的水洪池、竹园沟、五指河以及东边的阎营、阎斜、任庄、克井等村建立了抗日民主村政权;领导群众生产度荒,动员青年参加县大队,壮大人民武装力量,对日伪开展游击战争,从而逐步恢复了抗日根据地,扩大了游击区,在全县先后建立了七个抗日民主区公所。

图4-95 抗日民主政府水洪池办公旧址

(2)村落古宅

老村的中部有多处古宅院,依山而建。建筑或高或低因势而筑,或土或石因需用材,它与周围山水有机地融合在了一起。如今部分建筑坍塌,大多数保存良好,便于恢复。

5. 传统村落选址与格局

村落形成初期,生产力水平低下,天灾战争频仍,为躲避战祸和匪患,早期居民开始在此聚居。

水洪池村选址于山顶的平坦腹地区,村落处于王屋山山顶的阳坡,同时毗邻沟谷内的红水池水源地。这里阳光充足,水源丰富,风景秀丽,避风避暑条件好,抗灾能力强,地理位置得天独厚。

选址结合自然地理条件,顺应自然,在建筑上"借天不借地,天平地不平",整个村落依山就势而建。村落建在山顶的平缓地带,既有利于生活,又便于生产劳动。

村庄占地面积60亩,建村之初绝大多数人沿山顶平地临水居住,后来经济条件好转,部分人迁至省道沿线居住,由此形成点和线状布置形式。沿山顶坡地有大池、东庄、小池、西庄、狸虎巴、蝙蝠洞六个点状村落,同时沿省道沿线布置有现代房屋。村落内古建筑群有旧县委遗址、仓院、庙宇和二十余套民宅等组成,分布在山间、谷边、省道沿线2平方公里的范围之内,以大池村最为集中。

该村清代民居建筑形式有四合院式、L形、一字型院落。这些古建筑基本上都属于苗姓、李姓资产,建筑年代为清代和民国。从李氏先祖清乾隆年间迁住水洪池开始,历经约200年,形成当今之规模。

图4-96 明清民居建筑

图4-97 水洪池村依山傍水

6.传统建筑

水洪池村30余处传统建筑,散落于大池、东庄、小池、西庄、狸虎巴、蝙蝠洞6个村落内。村落内部现存有大量的清代、民国建筑。传统建筑房屋为石墙灰瓦房,皆有百余年历史,其建筑风格与山西阳城传统民居多有相似,为研究晋南与豫西北的民居建筑提供了重要的实物资料。同时整体建筑古拙朴实,是济源地区现存较少的一种建筑形式。其结构形式又反映了山区建筑的基本特征,对研究济源山区的砖石建筑具有一定的参考价值。

石墙灰瓦坡屋顶建筑用青石堆砌,石灰勾缝,木头做椽子,用灰瓦一层层叠放形成坡屋顶;砖瓦房以青石和青砖堆砌为墙体,以大木头做大梁,以10公分左右的木头做椽子,然后在上面用泥土封严实,最后把灰瓦按顺序一层层的叠放在表面,极具特色。

传统建筑多为单檐悬山式二层楼式石构建筑,屋檐出挑约1米,屋檐下方设室外木质楼梯通往二层阁楼,二层阁楼多为储藏粮食而用。传统建筑冬暖夏凉,现在村内多数村民仍在继续居住。

图 4-98　入村山洞

图 4-99　村中古树

图 4-100　水洪池村传统民居

图 4-101　水洪池村民居院落

第五章 豫中地区

一、登封市徐庄镇柳泉村柏石崖村

1. 村落概况

柏石崖村位于登封市徐庄镇柳泉村,是高山密林中一个有着200多年历史的古村落。村域总面积5平方公里。柏石崖村地处省级大熊山森林公园景区内,处于半山腰岩壁之上,四周山势雄伟挺拔、地形险要,自然环境优美,整个村落掩映于苍竹翠柏间,一道天然溪水辗转流下,穿村而过,寥寥落落的人家,散落在溪水两岸。一条迂回的石径和几座小小的石拱桥,串联起几十栋石屋。村民过着"山中无甲子,寒尽不知年"的桃花源般的恬淡生活。

柏石崖东至鬼推磨,西至西坡岭,南至老岭口,北依大熊山。村内建筑以四合院的建筑风格为主,村民就地取材,以石木为主要建筑材料来建房子或其他用途。柏树崖村至今保留的石砌房、小四合院、石砌窑洞、石墙瓦房依然完好。

由于柏石崖村背靠大山,易守难攻,在烽火连天的战争岁月里因闭塞反而成了兵家最佳选择地,抗战时期的八路军豫西抗日后方医院便选在了柏石崖,当地老百姓习惯称为"八路军后方医院"。后方医院在柏石崖村存了2个月时间,先后有200多名伤病员在这里接受了治疗,并有12名战士伤重不治把生命留在了这块土地上。如今,村头废弃的石屋墙上,还依稀可见"后方医院手术室""后方医院伙房"的字样。柏石崖是全国19个抗日根据地核心腹地之一,是革命老区。

现存的八路军后方医院以小河为界,分东、西两部分。东区有窑洞10孔、房屋50间;西区有窑洞15孔、房屋90间。

2. 历史沿革

据老一辈讲述,白石崖始建于清朝时期,距今已有200多年的历史,相传最早搬过来的是王姓人家,后才有李姓及其他姓氏搬来,而柏石崖又名白石岩,一是因为这里以前古柏成林,二是村内建筑大都以石头为主。

3. 村域环境

柏石崖位于镇区西南4公里,与禹州接壤,村落坐落在四山重叠之中,地势隐蔽而险要,依山傍水,绿竹翠柏,果木成林,环境优雅,气候宜人。柏石崖村落地处大熊山省级森林公园区域内,有着独特的自然资源优势。大熊山雄伟挺拔、层峦叠嶂,主峰海拔1150.6米,以险、峻、奇、秀而著称。野生动植物种类繁多,是珍贵的动植物宝库。山体植被繁茂,森林覆盖率达98%,素有"绿秀山乡"之美誉。熊山积雪、水洞生雾、熊峰摘星、碧潭倒影、涵碧湖、少林寺下院水峪寺等数十处美景点缀其间,可谓是避暑度假、休闲养生之地。

图5-1 柏石崖村落环境

4. 选址与格局

站在村头半山腰上往外看,柏石崖山高林密,一条绿树掩映的小道蜿蜒通往山外,如果不走进村子,仅站在村外的山坡上,很难发现这里还藏着个古老的山村。

村落沿山谷延伸布局,结合自然山势。由街巷网络、居民院落、山体、河道、古树等要素构成。整个布局以山脉为背,依山而建,整个村庄沿河道呈带状分布,形成依山傍水、巷刀交错、院落毗邻相连的肌理形态,体现了人居环境的生态、形态、意态的有机统一。

"枝状形态,有序生长"的巷道网络空间。巷道是柏石崖村构建形态的重要组成元素,其脉络走势依据山势地形落差,构建这村落的整体形态,作为公共空间容纳着人们日常生活邻里交往的诸多活动。巷道的空间构成也与建筑形态密切相关,巷道空间是院落建筑空间的自然延伸,院落建筑空间是巷道空间的内聚收敛,二者相辅相成有机结合。

图 5-2　村落的传统四合院式建筑格局

5. 传统建筑

柏石崖村是以石头建筑为主体的古村落。石头民居屋为石木结构,墙体用毛石火加工后的石片砌筑,用黄泥活白灰勾缝,支架由梁、椽子组成,成八字拱顶,屋面铺上芭席或木片、高粱秆、藤条等,上面覆以黄泥,表面用青瓦或石片覆盖,上下搭接,相互垒压,使表面宛如鱼鳞兽甲。砌石接缝紧密,线条层次匀称,工艺精湛,房屋造型美观大方。

柏石崖村内建筑以四合院的建筑风格为主,村民就地取材,以石木为主要建筑材料来建房子或其他用途。柏树崖村至今保留的石砌房、小四合院、石砌窑洞、石墙瓦房依然完好。

柏石崖的石墙青瓦,质朴简洁,造价低廉,耐风经雨,保存完好,显示着原始和坚韧,同时也透视出中原农耕文化现象,反映出当地居民的生产生活状态,体现了 200 多年以来当地居民的乡土风情,是当地建筑文化、农耕文明的集中体现,具有重要的历史价值。

图 5-3　传统民居 1

图 5-4　传统民居 2

6. 村落人居环境

该村落中清代至 20 世纪 70 年代前建造的房屋,年久失修,许多房屋屋顶漏雨,甚至倒塌,但是由于房屋均采用石块砌墙,四壁较为结实。村间道路凹凸不平,周边由于人口减少,荒草疯长,急需铺设。部分民居状况因无人居住,致使有的房屋倒塌,亟待抢救性保护。

村中修有一口古井和一处集中供水设施,给全村集中供水,庄稼浇灌主要是依靠雨水和村中各自地里修建的雨水蓄水池。村中无排水设施,雨天雨水直接汇入小溪,顺地势而流。

柏石崖村现有有一条 3 米宽的道路与外界相连,已修建多年,为沙砾、混凝土路面,路况较差。

垃圾处理主要是焚烧和填埋,无垃圾处理设施,对环境污染较大。村中无污水处理设施。

村中现状每户都有厕所,但都是旱厕,没有公共厕所。村中电力设施来自徐庄镇变电站。

图 5-5　石头民居 1

图 5-6　石头民居 2

图 5-7　石头民居 3

二、修武县云台山镇一斗水村

1. 村落概况

云台山镇位于河南省焦作市北部的太行山东端,地属修武县,距焦作市区约 30 公里。一斗水村位于焦作市修武县云台山镇十多公里的北部山区、世界地质公园云台山风景名胜区境内,村庄东临卫辉市,西与片马基层村相邻,南与岸上村相临,北与山西省相隔。省道从村域西边南北穿过,交通较为便利。村子呈不规则形状,地势四周高中间低,自然环境极其优越,山水水色十分宜人。

一斗水村坐落在太行山南麓,一斗水村的气候水文条件适宜开展旅游活动。规划区属暖温带大陆性季风气候,总的气候特征是夏季多雨,冬季干冷,春多风沙,秋凉气爽,气候年差较大,最冷月为1月,月平均气温为-1℃,最热月为7月,月平均气温为27.6℃,年平均气温14.4℃,年降水量569.3毫米,无霜期短,一般在200天以下,年降水量为620—1000毫米,降水集中,强度大。

村落周围被山体包围,整体地势周围高中间低。古村落依据现状实际地形而建,错落有致,或两三家一处,或六七家一片,各家房前屋后都有不同种类的树木,一到夏天,枝叶茂盛,不到近处就看不到房屋,真正是"山重水复疑无路,柳暗花明又一村",形成了一斗水一道亮丽的风景,也充分体现出建筑与自然环境的有机融合。

2. 沿革

(1)历史沿革

据史料记载,该村已有400多年的历史,因村外有一口斗状大小的水井,故得此名。2013年8月,一斗水村被评为国家级"传统村落"。2014年4月,一斗水村被河南省住房和城乡建设厅、文化厅、财政厅公布为"河南省历史文化名村"。

(2)建制沿革

修武县一斗水村,殷商时属畿内(京都管辖之地)宁邑。周初属雍城,后属修武。春秋先属郑国攒茅(现焦作市马村区聘城寨村毛寨村一带),后属晋国南阳宁邑辖。战国属魏地南阳辖。秦代属三川郡修武县辖。汉代属河内郡修武县辖。三国时期属魏国冀州朝歌郡修武县辖。后期属山阳国辖。晋时属汲郡修武县辖。隋朝属河内郡修武县辖。唐代属河北道修武县辖。宋代分全国为二十四路,属西路怀州修武辖。明代属河东南路怀州南军修武县辖。元代属直隶省怀庆路修武县辖。明代属怀庆府修武县辖。清代属河南省怀庆府修武县辖。民国时期属河南省修武县辖。中华人民共和国成立属河南省修武县辖。

3. 村域环境

一斗水村位于河南省焦作市修武县北部的太行之巅,世界地质公园云台山的风景名胜区境内,太行八陉之一——白陉,从村中穿过。

全村占地面积约9.7平方公里,海拔1000米,辖3个自然村,耕地面积255亩。这里群山环绕,植被茂盛,水源丰富,环境优美,空气清新,一派与世隔绝的世外桃源景象,村中70%的人仍居住着上百年的青石房,这50多座上百年的青石房依山就势,错落有致,一条小河蜿蜒穿过肃穆的石板古桥,庄严古朴的牛马王庙(关帝庙)古建筑群矗立在村北的山包上,村中央一棵千年古柳顽强地横立在古道旁,见证着古往今来的悲欢离合。四周山坡上浓郁的丛林间不断闪现出层层梯田。山村虽不大,却有着数千年的历史沉淀,民风淳朴。这里人与山水、石房、古寺庙浑然一体,胜境天成,一派田园风光,身临其境自感超然脱俗。

图 5-8　一斗水村标示

图 5-9　白陉古道 1

图 5-10　白陉古道 2

4.传统建筑

牛马王庙（关帝庙）、李氏老宅、贾氏老宅、陈氏楼房、韩氏楼房等共有三百余间，结构严谨，浑然一体，属典型的明清时期我国北方的建筑风格，建筑系木作木雕、瓦作、砖刻、石刻于一体，构思纯熟，工艺精湛，充分反映了清代建筑构思、流程工艺等的时代背景，是研究清式建筑的实物范例。

图 5-11　关帝庙全景

图 5-12　关帝庙局部建筑

图 5-13　关帝庙大殿

牛马王庙（关帝庙）位于一斗水村北的山包上，坐北朝南，为清乾隆三十年（1706年）由清口古道的商旅集资所建。庙前有雕刻精美的影壁，山门上有"万世忠表"四字匾额。正殿为五间，中间三大间是关帝殿，正中是关帝圣像，左右分立着周昌、关平的神像，墙壁上绘有彩绘，东耳殿供奉的是牛马王，西耳殿供奉的是送子奶奶和三圣母。正殿对面为五间戏楼,东西两旁依次为陪殿各六间、看楼各三间。东陪殿最南端供奉的是昴日星官。关帝正殿东有一小门,通往后院,后院也叫后经堂。后院有正殿三间楼房,供奉的是西天古佛和南海观音。正殿两侧各有耳房一间。东西厢房各三间,为藏经所用。另有韦陀殿一间,与关帝殿背对,现存有碑石十余通。关帝庙有大小房间七十余间,是修武太行山区难得一见的古建筑群,对研究古建筑艺术和社会民俗具有一定的作用。该建筑群为一层与两层混合组成,建筑材料为石材、木材与青砖。

建筑规模:一斗水村现存上百年的古建筑群形成了完整的古街道,每个四合院的卧室、灶房、茅房都功能完备,保留完整的系统。整个环境风貌保持了传统格局,形成了一定规模。这在中原地区是不可多见的。

建筑布局:从建筑布局形式看,一斗水村传统建筑布局以北方四合院为主,建筑形式以北方民间做法为主,尤其是砖雕瑞兽极具典型的北方风格,木雕以圆雕为主,寓意皆属吉祥、平安、子孙繁昌,庙宇、农宅都以石、木、青瓦为主,属典型的山区明清四合院建筑。建筑群沿中轴线对称而建,坐北向南,东暖夏凉。

建筑材料:从建筑材料的使用和工艺上看,房屋墙体采用了"方块锻石砌墙,中间砌长条跋石"坚固一体,地基为青石精雕细磨垒砌而成,每条跋石间密不容刃。所以,历经上百年的风剥雨蚀,还坚固如初。

雕刻技艺:明清古建筑清一色的木构架,木雕、木刻成为村中古建筑装饰的一大特色。木雕则包括飞禽走兽、神话传说、戏曲故事、人物花鸟、文房四宝等。雕刻技法多种多样,如圆雕多施于家具、单体物件或斜撑等处;浮雕施之于隔扇的涤环板、雀替等处;透雕则施之于隔扇、神龛等处。有时一处雕刻品上,往往多种工艺并用。

图 5-14 李家大院

图 5-15 李家大院内部结构

图 5-16　一斗水村传统民居 1

图 5-17　一斗水村传统民居 2

图 5-18　一斗水村传统民居局部建筑

5. 历史环境要素

(1)石碑

一斗水村现存石碑 2 通,一通位于村落北部一斗水泉旁边,现状保存一般,大部分字迹尚能辨认;另一通位于关帝庙门前,为大清咸历年间石碑,保存相对较好,大部分字迹尚能辨认。

(2) 古井

此处泉水原来只有二尺见方,深也仅有二尺有余。泉水在山西通往河南的古道旁侧,行人至此,人困马乏,他们就在此汲水取饮,虽然一次只能取水一桶,但随取随涌,取之不尽。这洼泉水水流每次只能打一桶水,人们就形象地称之为一斗水泉。现在的一斗水泉经过历代开挖砌修,已经成为一个自涌井,井水清澈甘洌,深约2~3米,上覆两块方石,中间凿为圆形的井口。

图5-19 古井

(3) 古官道

这段古道全部用大大小小的石块筑成,路面有两米多宽,由平石和立石铺筑,每铺一尺多长平石,就栽一行立石,坡陡的地方栽的立石就较密一些,据说这样是为了便于马蹄用力,踏得平稳。道边都是用大小不等的石头砌的石墙,具有防护的作用,最大的石头重达数吨。这条古道长达数百里,最险峻的一段就在清口坡,因为山高坡陡,古道盘旋而上,蜿蜒曲折,号称七十二盘,长约25里。清口古道,见证了战争的血雨腥风,见证了晋商的艰苦创业。

(4) 龙显石

由于太行山地区波澜壮阔的火山喷发,出现了上亿吨的玄武岩,构成了南太行的第二层基岩,地壳运动,使云台山地区时而沉入海底,时而露出海面,海底沉积砂岩层之间夹杂着大陆陆地形态的底砾岩,证明了这里经历多次的海进海退,海水的强烈动荡,形成了丰富的颗粒灰岩和巨型波浪结构。一斗水的龙显石,就是远古时代的火山熔岩,熔岩凝固,形成化石——龙显石。

图 5-20　龙显石

（5）古桥

古桥为青石拱形圈就而成,上铺青石,桥下潺潺流水,始建于清中期,桥高 4.5 米,宽 3 米,主要用作交通和排水,保存状况一般。

6. 非物质文化

（1）根雕艺术

根雕艺术是一斗水村传统雕刻艺术,是以树根(包括树身、树瘤等)的自生形态及畸变形态为艺术创作对象,通过构思立意、艺术加工及工艺处理,创作出人物、动物、器物等艺术形象作品。主要利用根材的天然形态来表现艺术形象,辅助性进行人工处理修饰,因此,根雕又被称为"根的艺术"或"根艺"。

（2）鬼见愁

鬼见愁是无患子的俗称,旧俗采之令童子佩戴,或悬于门上,可以避鬼魅。明李时珍《本草纲目》:"俗名为鬼见愁。"鬼见愁在一斗水村被誉为神树,生长于半山腰背阴处的岩缝内,民间以它为偏方治病和驱邪避凶。

三、平顶山市郏县堂街镇临沣寨

1. 村落概况

临沣寨位于河南省平顶山市郏县堂街镇西南处,隶属郏县堂街镇管理,属暖温带大陆性季风气候,境内土体深厚,土质肥沃,阳光充足,雨量充沛,四季分明,气候温和,平均气温14.6 ℃。在不同历史时期均有地震记载,但未发现有强震记录,其主要受外部地震影响,在地震烈度上被国家地震局定为小于6级区。该村所处地段地质多为黄土,周围并无山川。临沣寨为一洼地型古村落,周围千亩芦苇、百亩竹园。杨柳河、北汝河绕寨而过,终年绿水长流。树种多为洋槐、榆树,农作物以烟叶、辣椒为主。该村东依紫云山,北环汝河水,村庄占地面积138亩。曾列入《名山记》的紫云山一峰秀出,紫云环绕,山林叠翠,山泉叮咚,"紫云晴雪"被列为郏县八大景之首。临沣寨的洼地聚落、古寨墙、古寨河、明清时期古民居、宗祠、关帝庙融为一体,成为中原民居文化中一块不可多得的文化瑰宝。

中国古代著名的地理学家、南北朝北魏时期的郦道元(约470—527年)在《水经注·河水》中记载:柏水经(宝丰)城北复南,丰溪自香山东北流入郏境,至水田村。此处的"水田村"即为今天的临沣寨,意思就是临着沣溪的寨子。寨内有较为完整的清代四合院、三合院20多座,清代民居近400间。这些建筑既有中原农村特有的以砖、石为主体的高大深邃,也有南方以木格子门窗为装饰的小巧玲珑。一些古老的宅院用多层弧形石板作为门洞的拱顶,每层石板上都雕有图案,十分美观。

2. 沿革

(1)历史沿革

临沣寨的历史据资料可追溯到南北朝时期甚至更早。明朝万历年间,中原地区暴发瘟疫,人口锐减,山西洪洞县一支朱姓人家移居至此,依靠给张姓人家种田为生,200多年后,朱姓人家成为寨中大户,张姓人家反主为佃,靠给朱家种田为生,"张家埂"由此改名叫"朱洼寨"。清朝道光二十九年(1894年),盐运司知事朱紫峰告老还乡,在朱家洼大兴土木,营造私宅,称为"朱镇府"。朱家洼在朱紫峰等富商巨贾的带领下,选紫云山红石为主要材料,修筑了长达数千米的红石寨墙,1862年竣工落成,寨名"临沣"。

(2)建制沿革

北魏时称水田村;明代更名张家埂,后又改名为"朱洼寨";清代改名朱镇府;1862年筑寨,因寨名"临沣"改为临沣寨至今;民国初,先后属河陕汝道、豫西道、河洛道;民国十六年(1927年)改隶豫西行政区;中华人民共和国成立之初,先后属豫陕鄂边区第五专区、豫西区第五专区;1949年3月隶属许昌专区堂街乡;1958年更名为临沣寨大队,隶属堂街人民公社;1984年复名临沣寨村,隶属堂街乡;1986年3月堂街乡划归平顶山市管辖,临沣寨村属之。

3. 村域环境

临沣寨原名水田村,位于河南省平顶山郏县堂街镇境内。该村地处平原,地形平坦,周围无山川。村子地处暖温带南部,属大陆性季风气候,境内土体深厚,土质肥沃,阳光充足,雨量充沛,四季分明,气候温和。树种多为洋槐、榆树,农作物以烟叶、辣椒为主。临沣寨民居具有鲜明的历史传统建筑特色,青砖灰瓦红石,展示传统大户民居一进三、一进五建筑风格,体现中原传统民居木雕、砖雕和石雕等工艺;主要有朱紫峰、朱紫贵、朱振南、关帝庙等重要建筑。

此外还存有古寨墙、古井等遗迹,临沣寨最有特色的是保留完好的红石寨墙和风光秀丽的寨河,寨墙平面呈东北—西南的走势,如一条船,在水泽之乡漂浮。现在临沣、浦滨两门保存得基本完好,这两个寨门的构造基本相同。

图5-21 临沣寨鸟瞰图

图5-22 临沣寨护城河

图 5-23　临沣寨城墙

4. 选址与格局

临沣寨自西汉以来一直是传统村落，直至明末称"水田村"。村子位于沣溪汇入北汝河的河口地带，属洼地型村落。洼地当中一个龟背，村落建在龟背上，既用了水利，又免了水患。寨墙呈不规则椭圆形，南街、北街、中街、东街呈"井"字形交错，朱氏三兄弟宅院在村落西半部龟背上。朱氏祠堂位于村子西南角，关帝庙位于西寨墙内侧，五虎大将军庙位于寨外东部。村落全部用浅红色红条石筑砌的红石寨墙围着，寨墙高 6.7 米，底宽 5 米，顶宽 3~5 米。村内多为北方"一进多院"的传统四合院形式。

临沣寨环水而建，由西向东逐渐升高，然高差不大。进入村中一条东西大道，朱姓宅院临街而布，村内地势基本平整，便于院落布置。绕古城墙遗址从滨门而下，可见村中另一条东西大道，村中公共建筑朱氏祠堂、关帝庙等建筑遗址多分布在村子西南处，从临沣寨的选址可以看出，村民多注重防御性。

图 5-24　临沣寨选址格局

图 5-25 临沣寨寨门

图 5-26 临沣门

图 5-27　临沣寨夜景

5. 传统建筑

临沣寨选址颇具匠心。该村地势低洼，北临汝河，西依石河，南有洼地。这正符合中国先民逐水而居的择基观念。临沣寨内现有清代建筑 100 余栋 400 余间，这些古民居多为硬山式单层或两层砖木结构的瓦房，中间用简化了的抬梁式木梁，两端在山墙上直接搁檩。室内墙面一般是苇绒拌泥打底，白灰罩面，虽然材料原始，但由于施工工艺精良，现在虽表面陈旧，但很多壁面还完好。该地区出产的红石是一种质地相对其他石材来说较软的石材，加上温暖的枣红色，是良好的阳宅材料。在寨内随处可以看见红石做的门窗过梁、勒脚、台阶、窗台、门枕石、整块红石雕的精美直棂窗等建筑构件。这些红石构件和青砖灰瓦在色彩和质感上形成了有趣的对比。

图 5-28　临沣寨传统建筑群

图 5-29　临沣寨传统建筑

寨内的古民居中能够代表临沣寨建筑特色的,就是清代晚期朱氏兄弟修建的三处宅院。老大朱紫贵的宅院是三进四合院,该宅院的第二进因年久失修,显得凌乱。但第三进内宅部分保存完好,内宅南向为单间内宅院门,北向是三间二层的上房,为了防潮,主房的室内地坪比院落地坪高出将近 1 米,这是低洼地区常见的处理方法。东西各三间两层的东、西厢房,为了体现等级制,东厢房的总高比西厢房高出半米多,并且东厢房的红石门窗过梁、台阶等建筑构件都比西厢房的高出一些。

临沣寨选址充分考虑了生存、发展、环境等因素,村落布局因地制宜。其建筑也颇为讲究,是明清豫南村落的典型实例。

(1) 朱紫峰老宅

建于清代道光二十九年(1849 年),分东、中、西三套宅院。每一套都是一进五院,南大街进,北大街出,每套院占地 2516 平方米,每套院建房 66 间,东跨院第一进为明代民居,有倒座楼和东、西厢房;穿过明代客厅进入二进院,原有堂楼和东、西厢楼各三间;第三进为洒馆院;第四、五进为仆人院和庄稼院。中院第一进有倒座楼三间,卷棚式书房两间,一百平方月台一个,客厅面阔三间进深三间,堂号为"崇善堂";二进院为厨房院,穿过二客厅进入三进院——私塾院;第四进为私塾先生宅院;第五进为庄稼院。西跨院第一进有倒座楼、东厢房、客厅各三间,客厅堂号"崇本堂";第二进为厨房院;第三进是朱紫峰的住宅,有堂楼、东西厢房各三间;第四进为花园;第五进为长工院;第六、七进为庄稼院。

(2) 朱岗老宅

朱岗老宅为民国初期临沣寨保长朱芝宅院,门开东南,临街为倒座瓦房,现仅存该建筑一栋。清代特色明显,门枕进入地基,为红石过梁,二级红石板台阶,府门凹陷,墙体上部为"白脖"。

(3) 张现民老宅

张现民老宅又称"张郎宅院",坐北朝南,现存客厅三间,为红石筑砌,榆木板门,十三棂窗户,穿过客厅为第二进院,即厨房院。客厅明间,悬挂清代咸丰年间郏县知县——王延炜亲笔"风高溱洧"牌匾一块,黑底金字,为表彰张郎在溥河之上修建红石桥所赐。第三进为内宅,东西厢房各三间,上房为三间堂屋瓦房。

(4) 朱新展老宅

朱新展老宅又称"京货铺",是临沣寨内唯一的商业店铺,专营京广时髦物品,兼营糕点、食盐、香油、瓷器、布匹等物品。现存临街三间,中开拉车门,西厢房三间、客厅三间,第二进院为东西厢房各三间,上房南屋三间,屋顶莲花、鹿等砖雕花脊,精美绝伦。

(5) 朱紫贵老宅

建于清代道光十五年(1835年),分东、中、西三套宅院。每套都是一进五院,南大街进,北大街出,东跨院临街为倒座楼三间,门开东南,一进院有东厢房三间、客厅三间;二进院为堂楼、东、西厢楼各三间;第三进有东厢房三间、客厅三间,是账房院;第四进和第五进为仆人院和庄稼院。中院形制同东跨院,客厅堂号为"渔汝堂"。西跨院第一进为管家院,第二进为戏子学堂,第三进为马棚院,第四、五进为庄稼院。

图 5-30　朱紫贵宅院

(6) 朱洼关帝庙

关帝庙位于临沣寨西寨墙中间偏南,为清代初期建筑。同治元年(1862年)修筑西寨墙时被西寨墙包裹,是临沣寨内最高等级的宗教文化建筑,民国年间设有"局子",是整个寨子的军事指挥所、治安派出所。关公忠君尚义的价值理念被寨内居民奉为传世信条。整块红石透雕而成的九棂红石窗古朴厚重。庙内现塑关公坐像一尊,面如重枣、凤目微闭,左手扶膝盖、右手捋长胡,左塑关平捧侯印,右站周仓挂偃月。

图 5-31　关帝庙

6. 村落人居环境

临沣寨内有道路四条,呈"井"字形布局,寨内基础设施不完善,供排水、广电信号、宽带网络、垃圾处理等设施不完善或匮乏。临沣寨周边环境优美,大部分为基本农田,另一部分为林地,植被良好。没有工业企业,不存在环境污染。村中古建筑保存良好,明代古民居风格独特,历史文化积淀深厚。种植业发达,村内道路为水泥道路,道路整洁。有集中供水,但供水方式主要为自家打井取水。目前没有公共厕所,各家居民的厕所分散在街巷中,所有厕所都是旱厕。

第三篇 传统村落的传承、保护、利用及其展望

传统村落是中国农耕文明留下的宝贵遗产,是我国民族文化的"活化石",拥有较丰富的历史遗迹、民俗文化与自然资源。然而,受城市化进程、乡村经济发展、乡村生产方式、生活方式、建筑营造技术、自然环境等因素的影响,大量传统村落正在逐步消失,总体可以概括为因年久失修而导致的自然残蚀,村民房屋修缮因缺失正确引导而造成的风貌破坏,乡村发展的人为破坏,等等。目前传统村落主体建筑衰败,村落公共空间衰落,传统村落生态环境遭到破坏,传统村落审美素养缺失,旅游开发导致村落整体风貌被改变,再加上传统村落保护手段落后,如规划模式单一、专业人才短缺、保护技术落后等,在此背景下,传统村落的保护与发展逐步被社会各界高度重视,使得传统村落的传承、保护与开发利用凸显出时代价值和实践意义,成为亟须解决的现实课题。

一、传统村落的传承

中华文化是中华民族的命脉和生命家园,是民族凝集力和创造力的源泉,习近平总书记指出:"我们要善于把弘扬优秀传统文化和发展现实文化有机统一起来,紧密结合起来,在继承中发展,在发展中继承。"传统村落是乡村乡土建筑与乡土文化的综合载体,承载着中华民族的历史记忆、生产生活、智慧文化、艺术结晶和民族地域特色,维系着中华文明的根,寄托着中华各族儿女的乡愁。河南省是华夏文明发祥地和传承区,传统村落是记载和延续中原地域特色的历史文化遗产,是展示中原乡村生活的印记。习近平总书记2019年视察调研河南时,在中国传统村落新县田铺大塆视时做出"把传统村落改造好、保护好"的重要指示。做好传统村落文化传承与保护工作,是贯彻落实习近平总书记重要讲话精神的具体行动,是助力脱贫攻坚和乡村振兴的重要抓手,是实现"望得见山、看得见水、记得住乡愁"的生动实践。

(一)传统村落的传承价值

传统村落是民族优秀传统文化的重要载体,可以立体地展现中华民族多元的历史文化成就。传统村落是中华五千年文明在历史长河中遗留下来的痕迹,是世界上独一无二的存在。所以,传统村落的保护和传承不仅能激发我们的归属感,更能强化我们的民族自豪感。

1.历史文化价值

传统村落是历史文化的活标本、活化石,传统村落具有很强的历史价值,是研究历史文化的重要依据和参考。河南省是中华民族的发祥地之一,文物古迹丰富,建筑风格颇具中原特色,传统村落具有明显的中原民居文化特点。截至目前河南省传统村落有800多个,大部分具有较高的历史文化价值。例如,三门峡渑池县赵沟古村于唐末宋初建村,历史文化底蕴浓厚,古民居建筑独特,现保存明清时期完整的四合院22座,石头巷2000

余米,千年古槐4棵,古庙、古祠堂、古戏楼各一座,古井一眼,有汤河一条穿村而过。由于地处深山区,传统的农耕文化和生活习俗保存完好。信阳新县的丁李湾古村落坐落于青山绿水之间,历史悠久,远近闻名,到现在已经有700多年的历史了,依然保留有完整的明清古建筑300多个,门楼有几十个,还存有石雕、木雕、古井等等各种历史遗迹。

2. 艺术美学价值

传统村落是历史文化的浓缩,更是一方风土人情的精炼,经一代代农村文化精英、能工巧匠的创造和投入,往往具备极高的艺术水平和美学价值。传统村落体现着当地的传统文化、建筑艺术和村镇空间格局,反映着村落与周边自然环境的和谐关系。例如,平顶山市郏县冢头镇李渡口村距县城8公里,三面沃野,一面依水,一向有"东列黄冈千古秀,西邻蓝河万代青"的美誉。村建筑格局以北方四合院为主,以两进和三进院落形式居多,前有门楼,中有过厅,后有堂楼,东西建配房(楼)。红石基础,砖木结构,部分房屋五脊六兽。古楼、古房、古窗,保存完好。建筑结构严谨,气势恢宏,石刻、木刻、砖刻工艺精巧,具有较高的艺术和美学价值。

3. 旅游文化价值

河南省传统村落大多远离城市,深藏于密林深处,险居于高山之巅,幽居于河水之滨,空气清新、风景秀美、民居独特、民风淳朴,有着丰富的物质文化和非物质文化遗产,具备发展旅游的优势和条件。这些乡村可基于对传统村落的保护和利用,适度开发乡村旅游,"以发展促保护,以保护促发展",形成"保护、整治、开发"的良性循环,进而有效带动乡村特色产业的发展,创造性地走出一条乡村可持续发展道路。例如,辉县市郭亮村,依山势坐落在千仞壁立的山崖上,地势险绝,景色优美,以奇绝水景和绝壁峡谷的"挂壁公路"闻名于世,又被誉为"太行明珠"。先后有《清凉寺钟声》《倒霉大叔的婚事》《举起手来》等40多部影视片在此拍摄,如今已经成为国家5A级旅游景区万仙山旅游景区的重要组成部分。

4. 精神文化价值

著名建筑学家梁思成说过:"古老的建筑是一个民族的血液,是历史赋予后代的将来。"传统村落是历史留给我们的一抹缩影,不可再生。传承和保护的不只是村落的传统建筑,更包含着生息繁衍中凝聚起的一种精神,每一个村子都有一种精神,都与传统乡规乡约、碑文警语和民间故事里传递出来的普世价值观一脉相承。这种精神或者观念,也是传统村落文化价值的重要组成部分。例如,濮阳市清丰县双庙乡单拐村村内中共中央平原分局革命旧址、中共中央北方局革命旧址、兵工厂旧址、冀鲁豫军区纪念馆等,村内随处可见鲜艳的红色条幅、红色旗帜,红色文化在这里得到生动有序的传承;焦作修武县的一斗水村将乡土文化的复兴融入乡村振兴战略中去,彰显乡土文化,在实施传统村落保护与利用中,每一个人坚定"乡土文化的根不能断"的文化自信,增强对传统村落保护与发展的文化自觉。

（二）传统村落文化的传承路径

传统村落具有较高的历史、文化、艺术、经济等方面的价值,保护和传承刻不容缓,因此,要提高各级政府、各类群体的村落保护意识,因村制宜、适度开发,凸显传统村落的特色和优势,并探索行之有效的保护和传承模式。

1. 以产业振兴为核心,缓解传统村落空心化困境

产业兴则乡村兴,乡村兴则文化兴。以农业为基础,由政府牵头,引进龙头企业,采取"龙头企业+农户"发展模式,形成规模化、立体化产业模式,并加强一、二、三产业融合发展,发展壮大新产业、新业态,提高乡村产业整体竞争力,吸引外出村民返乡就业。同时,当地各级政府应给予传统村落最大限度的创业帮扶政策,营造良好的传统村落创业环境,鼓励在外成功人士返乡创业,从而逐步解决传统村落人口和产业空心化问题。此外,当地政府应加强基础设施建设,改善村落人居环境,为村民提供良好的生活环境,引导村民返乡生活。

2. 加强文化创意产品研发,跳出"伪复兴"陷阱

因乡村旅游兴起形成的传统村落"伪复兴"使得物质形式与精神内涵分离,不利于传统文化生命力的激活与延续。因此,为摆脱传统乡村旅游的发展局限,应加强具有文化创意产品的研发和生产,延续传承村落文化生命力。河南省丰富的非物质文化遗产是文化产品创作取之不尽的创意资源宝库。通过文化创意产品的研发,一方面可保证传统文化的传承,平衡传统村落旅游淡旺季带来的弊端;另一方面,以文化创意产品的研发和生产促使传统村落回归生活,构建稳定的村落关系,维护传统村落的文化空间。

3. 构建保护与传承制度体系,建立传统村落文化人才队伍

人才是文化建设的核心要素,地方文化的发展离不开乡土文化能人。一方面,当地政府要发挥带头作用,构建河南省传统村落文化保护和传承制度体系,做好顶层设计工作,为保护和传承人才队伍的组建做好制度保障;另一方面,鼓励民间传承人成立河南省传统村落文化保护和传承学会,企业建立非物质文化遗产传承协会等民间组织,依靠传承人的"传帮带"力量,发挥企业相互协作、抱团取暖的资源整合优势,建立一支服务于河南省传承村落文化保护的专业人才队伍。

4. 发挥教育引导功能,培养广泛的群众基础

提高广大村民对河南省传统村落文化保护和传承重要性和紧迫性的认识,引导村民自觉行动,发动公众积极参与,是拓展保护、挖掘、传承、创新渠道的必要举措。对此,应充分发挥河南省教育底蕴深厚的优势,一方面要提高当地村民的受教育水平,建立和完善公众参与机制,发挥集体智慧;另一方面要加强青少年对传统村落文化的学习,建议中

小学增设传统村落文化户外研学、非物质文化走进课堂等实践活动,依托专业人才队伍,培养小小传承人。通过汇集公众的力量和持续培养新生力量,为传统村落文化保护和传承打下坚实的群众基础。

5. 静态和动态相结合,多元方式传承

2017年中国传统村落数字博物馆建设工作正式启动,2018年4月开通上线。中国传统村落数字博物馆分总展馆、村落单馆及全景漫游手机客户端三部分,村落单馆以全景漫游、三维实景、图片、文字、视频、音频等多种形式全方位展示中国传统村落的独特价值、丰富内涵和文化魅力。河南省传统村落的文化传承可以充分利用数字博物馆平台,实现网上数字平台标准馆展示全覆盖。同时,利用摄影大赛、影视作品、网络传播等方式,深入挖掘传统村落中传统节庆的内涵,结合节气、民俗、赛事等活动,策划并组织特色乡村旅游节庆活动,使旅游者充分体验到中原地区的深厚文化底蕴和鲜亮的文化形象。

二、传统村落的保护

随着国民经济的快速发展和城乡一体化建设,传统村落的自然环境、乡土文化景观、建筑风貌等受到了不同程度的破坏。随着我国社会生产结构的不断转变,农民的生产生活方式也在发生着巨大的变化,与之相应的传统村落已经开始或即将走上大规模结构转型与更新的道路。面对新一轮的村落更新,许多基层领导干部误读新农村规划建设政策,不考虑传统村落如何保护和传承其历史文化遗迹,反而为了创造政绩急功近利过度开发旅游,进而导致我国传统村落的地域文化特色逐渐消失,"千村一面"现象越发明显。传统村落是承载和体现中华民族传统文明的重要载体,因此对于传统村落的保护就是对中华民族文化根基的保护。传统村落中蕴含着丰富的传统习俗、建筑技艺、生活方式,需要通过一代代人薪火相传,将这些优秀的传统价值观传承下去。在城镇建设对村落文明强势冲击的今天,需要我们根据社会和时代的要求,在继承乡土文化的过程中不断创新,利用新的保护理念、规划策略、科学技术和信息技术等手段重建与当代社会发展相适应的现代传统村落文化。

(一)传统村落的保护原则

1. 尊重地域文化

历史文化名城、名镇和名村都被认为是一种稀缺的、不可再生的特殊遗产资源。村落的地域文化包括历史文化、民俗传统、人文思想、建筑特色等,这些都是村落地域文化的精髓,并且能体现出当地的经济、政治、思想、文化等状态,是村民最大的精神财富。因此,在村落景观规划中必须要以尊重地域文化为前提,最大限度地发挥地域特色、凸显地域文化特征、丰富村民文化生活。

第一,村落的保护和发展离不开当地村民的积极响应,需以村民自治的视角规划村落,激发村民共同建设的积极性。同时地域特色是乡村人文元素的核心,需要留住村民、引进人才,传承和挖掘地域特色和民俗文化;采用先进技术手段和简单工艺将地域特色与景观规划、建筑风貌、功能分区结合起来,形成完整和谐的景观规划系统。

第二,加强村内基础设施建设,设置标识导向牌,增加公厕、商店、医疗室等满足游客和村民共同使用的功能设施;加速整治景观环境,提供优质的创业平台,吸引青年人回乡创业,为村落可持续发展注入活力。

第三,改善交通现状,尽快完成通村公路建设;对村中路网进行统一规划,有层次、有重点地在路网线上呈现出村中的主要节点,提高道路的趣味性和通达性;统一街巷立面风貌,通过灌木和地被类植物对街巷两侧风貌进行整治,形成完善的道路系统。

2. 维护生态环境

自然环境是居民生活的基础,必须要重视乡村生态环境的保护。河南是生态环境较为脆弱的地区之一,要坚持生态环境保护与生态环境建设并举。因此在对传统村落进行景观规划时,应制定出一个客观合理的规划方案,充分开发和利用现有资源,以维护生态环境为出发点,加快林业发展,建设良好的生态环境,打造出更加美丽的村落环境。

3. 传统村落可持续发展

传统村落是我国农耕文化的重要载体和见证,也是中华民族优秀传统文化的灵魂。传统村落是一种极为敏感和特殊的遗存资源类型。在建设美丽乡村的背景下,推动传统村落可持续发展也是人们广泛关注的话题。传统村落的可持续发展离不开产业维系和技术支撑,对其进行合理的开发利用,既可以推动地方经济发展,又可以唤醒民众对地域文化的自信,传承和发展这一农业文化遗产。

(二)传统村落保护的方法和手段

1. 数字化保护

我国传统村落数字化保护现状资料数据显示,近年来,相关领域针对数字化保护纷纷展开了理论研究,有的省份在信息采集、存储、加工、展示等技术层面已经取得了较为丰硕的成果。传统村落历史建筑数字化保护体系,将空间扫描、数字建模、虚拟技术应用于历史建筑保护中,有助于促进我省传统村落历史建筑数据库的建设、多维数据采集、空间数据分析、科学保护规划、建筑虚拟呈现以及智能修缮管理的协调发展;有助于促进基于建筑信息模型(BIM)的计算机科学、建筑学、测绘学等多门学科的融合,给传统村落保护带来新的技术手段。传统村落信息大数据来源于物理空间,主要包括村落选址布局、空间格局、历史建筑、遗迹遗存、古树名木等相关数据。需要通过"互联网+现场勘测"进行数据的采集,将所获得的数据进行分类管理,并与云服务平台对接,通过平台的查询系统,可以快速有效地搜索和提取各个数据对象信息。构建云平台的目的是搭建一个开放的大数据云服务系统。利用平台动态收集的海量文字、图片、音像资料以及相关文献、手绘、人工测绘等基本资料,开发对村落相关数据信息进行有效搜集、整理、保存、分类、标引、整合以及检索、分析、挖掘的数据管理系统和信息检索系统,形成村落信息资源库。然后采用数据分析和挖掘技术,对资源信息进行深度分析,提取有价值的信息,为当地居民、社会大众提供信息服务,为构建历史建筑空间数据库和专业技术人员、专家学者深入研究提供专业知识服务。

利用平面扫描、遥感技术、三维激光扫描记录村落空间、民居建筑、文物遗产;运用摄录技术采集村落中的非物质遗产;借助地理信息技术的空间分析功能,为传统村落保护中的规划理念、空间设计提供决策支撑;运用3D建模工具对村落建筑进行模型构建,对于受损建筑的修缮和预防性保护有非常重要的意义。将经过信息加工后的古建筑模型导入虚拟软件,对模型进行优化处理,生成与传统村落现实空间相匹配的虚拟场景。结合数据采集、激光扫描、虚拟现实、3D打印等技术,形成了传统村落数字化保护链条。

2. 重视理论研究,科学编制规划

结合实地调查研究和河南省传统村落的保护现状,建议构建"政产学研用"协同联动模式。由政府主导、多学科(建筑学、社会学、历史学、考古学、测绘学、计算机信息科学等)专家合力,利用信息技术,助力我省传统村落保护学理研究,加强对传统村落的战略规划、制度机制、政策举措的研究。

3. 挖掘利用乡规民约资源

经过改革创新的现代乡规民约,都包含有对山林、河流、农田、树木、房屋等生存环境、风俗习惯、消防安全、邻里关系、生活秩序等村寨内事务的规范,发挥了村民进行自我管理、自我教育、自我约束和矛盾调解的作用,是传统村民自治的一种行之有效的方式。充分挖掘和利用这些资源,可以为传统村落保护发展提供基本的保障,也能够为建立健全传统村落的村民自治保护机制奠定基础。因此,可将仍在村落发生实际效力的乡规民约作为推进传统村落保护发展的资源之一,与国家法律共存互赢:一是汲取现代法律法规之原则,改善其合理内核的民间秩序;二是审慎地摒弃落后的、不合理的民间秩序内容,吸取民众实践和民间秩序的合理资源,既能反映时代新诉求,又能反映乡规民约传统内容和要求,使其成为支撑国家法的重要基础;三是结合传统习惯法,有针对性地制定和完善村落保护的具体规约细则,如民居农房建设、水土资源、基本农田、封山育林、森林防火、特定树木、用水水源、野生动植物、环境保护、畜禽养殖、环境卫生、扫寨防火、污染防治、节庆活动、村寨治安等方面,既有刚性要求,又有可操作性的奖罚方式。与此同时,结合不同地区和村落的民风民俗,因地制宜地鼓励村民自发制定具体规约细则,积极开展村规民约教育并在实施过程中不断完善,建立传统村落保护法治保障体系,形成自下而

上全方位互动的自治保护机制,指导督促村民按照传统村落保护要求自我约束,促进乡规民约在国家法治框架下的自我完善。乡规民约是基于乡村的伦理习惯和民俗传统而制定的一整套乡土行为规则,是村民在其长期社会生活实践中自发形成的具有约束力的行为规范,通过教化、伦理以及相关惩罚机制的约束,以其所固有的严格惩罚措施维持着传统乡村社会秩序,进而为维护整个社会秩序奠定基础,是传统乡村秩序构建和维持不可或缺的要素之一。

4. 健全管理机制,强化责任制度

建立省、县(市)、乡(镇)、村四级保护管理机制,明确责任。省政府负责统筹规划的制定和实施,县(市)级人民政府负责组织人员编制规划并负责具体实施,乡(镇)及人民政府应配备专门人员,配合做好监督管理工作,村支部书记和村委主任要承担传统村落的具体保护管理工作。建立巡查和专项整治的常态化机制,由城乡规划主管部门组织专家和相关部门进行全面巡查与重点巡查,对已经列入《中国传统村落名录》的村落通过采取必要手段确保保护规划的实施,对保护不力的要提出整改要求,对整改不力的要取消其称号,切实避免传统村落的布局、环境、历史风貌的严重破坏。定期或不定期地对传统村落保护情况进行督促检查,重点关注过度的房地产开发、商业开发和旅游开发等专项整治突出问题。强化行政问责制,对保护不力或因过失导致村落遭受破坏,推行行政问责,依据相关法律,对危害、破坏传统村落历史文化遗产的行为进行法律制裁,对行政领导、直接责任人,追究行政责任。

5. 拓展资金渠道,加强统筹管理

传统村落保护资金需求大,必须建立政府引导、市场运作和社会参与的机制,充分利用中央财政专项补贴资金、国际援助、市场运作、社会捐助、志愿者投资等多种渠道筹集传统村落保护资金,逐渐形成多元融资体系,共同推进传统村落保护的繁荣发展。一方面,采取以县为单位,充分整合各方资源,如农村环境保护资金、"一事一议"财政奖补资金、美丽乡村建设等项目资金进行整合,实行捆绑集中使用,提高资金使用效率;另一方面,积极通过各个渠道筹措资金,提倡投资主体多元化,扩大传统村落保护的资金来源渠道,如政府可通过土地、房屋产权置换或租赁等市场化运作方式,吸纳多种资本参与传统村落的保护,通过捐资捐赠、投资、入股、租赁方式参与传统村落保护发展。加强统筹管理,完善专项资金管理办法,设立专账专户管理,统一支配,优化可操作性。对专项资金的统筹和监管,明确资金使用及传统村落保护工作主体责任部门,防止由于多部门管理产生的"多头管理"乱象,确保资金使用效益。

6. 政府主导,社会力量协同共治

传统村落的保护和发展具有经济利益、文化诉求、社会效应等方面协同共生的复杂性,因此,需要通过发挥多方合力的作用来完善传统村落保护发展的制度保障,需要建立

政府、相关机构、村民组织、专家、民间团体、检察机关等主体共同参与机制,实现参与主体的多元化,达到决策共谋、发展共建、建设共管、效果共评、成果共享的多元保护主体的协同共治。政府是传统村落保护的主导力量;乡镇、村委会、原住民是保护传统村落的根本力量;住建局、民宗委、文物局、文化旅游、财政、林业、文化产业公司等部门是保护的主要力量;专家学者是保护传统村落的智力支撑;检察机关是行政公益诉讼保护传统村落的法治保障。建立以政府为主导的多元保护主体联动机制,相互协调、配合、互补,发挥各自不同且不可替代的治理职能与特色优势,并通过相互间的协调实现动态保护过程中政策措施的及时调整与改进,形成多元保护主体之间的良序互动与合作共治,最大限度地实现对传统村落的凝聚性保护,提高保护的力度与效度。

(三) 传统村落保护的路径

传统村落系统主要由三大部分构成:一是作为根基的传统生产,二是作为成果的传统文化,三是作为载体的传统环境。三者相辅相成,互为因果,在漫长的岁月中形成了今天看到的美好村落。因此,传统村落保护应与其基本结构相对应,视传统生产生活方式、文化遗产、村落环境三方面为保护目标任务,围绕目标有针对性地精准施策,促进传统村落保护与发展的良性循环。

1. 自觉意识与补偿机制结合下的传统生产生计保护与延续

传统村落之美,最深层的是传统生产之美,传统生产方式若消亡,传统村落也就失去了生存发展的基础,因此,面对传统生产方式的快速消亡,如何延续传统的生产方式是传统村落保护需要正视和直面的问题。许多传统村落至今仍然保持和延续着传统的农耕生产生活方式,这是传统村落走特色化发展之路的根基与资源优势,对待这部分村落,提高村民自觉意识是前提,辅以政策及补贴是关键,政府应给予重视和担当,应提供观念、政策、技术、资金上的重点支撑,尽力维持这些传统的生产生活方式。

2. 加强村民对本土传统生产生计的文化价值认识,提升文化自信和自觉

村民文化自信的建立,村委会基层组织的纽带与推动作用尤为重要。基于此,一方面,要重视村干部的培育及素养提升,加强对本土文化资源和传统生产生计的当代价值的认知,助力村民乡村文化自信的提升;另一方面,加强对村民的引导和帮助,提高自觉延续传统生产生计的认识,鼓励村民保留村落的传统生活空间和生活习惯,展示和延续传统农耕生产生计,恢复村落乡土景观和乡村风貌,如在自家周围开展有关粮仓、禾晾、梯田、古井、碾坊、猪圈、牛棚、柴垛、草堆、谷物、蔬菜、瓜果、农具等物的展示,以及对乡村生产劳作、农耕民俗技艺等活态场景的传统生产生活方式的展示等,以此增添村落公共空间的特色与活力。

3. 避免村落空心化,汇聚反哺家乡的力量

村落需要与之相适应的生产方式和生活方式来维持,但"空心化"所带来的村落凋敝、记忆消失、文化流失、"谁来种地"是不争的事实,是生活在村落的主体流失所带来的现实问题。因此,延续乡村农耕生产生计需要国家有优惠政策和经济利益使然,创设返乡回归路径,鼓励和吸引外出打工者、乡贤及新乡贤返乡务农,凝聚共识。同时,也需要树立村落主体在农业问题上的文化自觉、自强与自信,提高自觉意识和积极性,促进内生动力的提升,自觉维护乡村农耕景观,为乡村经济转型升级、社会和谐发展、乡村振兴贡献智慧和力量。

4. 充分挖掘农耕智慧,保护和开发优秀农业文化遗产

加强适宜农耕景观延续的产业调整,提升农村耕地地力,提升生态环境的保护力,提升传统产业的高品质绿色有机农产品生产。在回归农耕文明天人合一、物尽其用的理念下,充分利用农耕智慧,鼓励村民发展循环农业,实行种养结合,推进畜禽粪污等农业资源化利用,减少和避免使用化肥与农药,保证高品质有机农产品产出,使村民获得稳定合理的收入,进而激发村民保护家园的热情,自觉维护乡村农耕景观,促进传统村落传承与保护的有序推进和落实。

5. 文化自信与自觉下的非物质文化遗产保护与传承

河南省丰富而独具特色的文化遗产资源,以物质与非物质形式根植于乡村的生活空间,并通过伴生于以人作为主体的行为形成一个完整的生态系统,这是村落社会得以延续的核心,也是当今河南传统村落发展的关键所在。因此,增强村民主体的文化自信到自觉的意识,通过对村落文化空间、文化拥有者(传承人)、有关物质载体资源要素的有效保护,使非物质文化遗产在村落中得以世代延续、传承,促进乡村的振兴与发展。

6. 传统村落重要文化空间的保护与营造

对维系村民关系和影响村落社会生活的关键因素的鼓楼、风雨桥、芦笙场、祭祀坪、戏台、寨门、祠堂等文化空间进行保护和修缮;并将传统工艺、传统歌舞、迎客礼仪、宗教仪式等在表演场和生活场等文化空间进行展示;维护和恢复村落节庆习俗、祭祀习俗、婚丧习俗、岁时习俗、饮食习俗、服饰习俗里丰富的内容,如鼓励村民在节事活动中着盛装展示其传统服饰,进行特色食品的制作与品尝。

7. 文化拥有者(传承人)的非遗传承与保护

传统村落在长期的农耕生产生活中所形成的约定俗成的民间习俗、信仰、歌舞、工艺等都通过各种文化仪式、活动以及口传心授得以传承,这种有效传承都离不开生活在这里的文化传承人。因此,鼓励村民中文化持有者将非遗文化在生产生活中延续,回归日常生活,使之成为生活中的重要内容。调动其积极性、主动性,激发乡村文化传承活力,激活乡村振兴内生动力,如鼓励村民参与节庆活动和文化传承的热情,营造传统文化氛围;支持开设传统工艺作坊,注重传统工艺制作与技艺过程的展示,实现非遗的生产性保护和获取一定的经济效益;对传承人实行扶持性保护和引导性保护,通过政策支持,激发

传承人的自主保护与传承意识,增强村内非遗文化传承的效率。

8. 非物质文化遗产物质载体的保护与展示

非物质文化依附于有形的载体,并通过载体建构特定视角的文化景观表达方式。因此,注重不同类型的非遗物质载体的保护与展示,在本村建立具有博物馆概念的非物质文化遗产陈列馆,汇聚本村特色资源,构建本村文化资源凝聚平台,如服饰、刺绣、织锦、蜡染、银饰、手工纸、乐器等传统工艺品及制作工具实物和音像的展示。这种方式决定了保护传承与发展运用更具承载力,同时使村落文化空间环境得到进一步的优化,具有较强的视觉冲击力,形成村落文化传承的景观系统,为资源再利用和振兴乡村文化产业发展提供保障。

9. 维护或恢复自然与文化因素下的传统村落环境要素

传统村落的环境要素主要有山、水、田、林、园、塘、屋、路等自然生态和人文环境。具体而言,传统村落的保护与整治是对村落街巷、公共空间、建筑与设施、所处的地形地貌、河流水系、自然植被、传统农作物等进行整体性保护;维护和恢复村落环境的文化因素构成状态、巷道格局、历史风貌以及相互依存的地形地貌、河流水系等自然景观和环境等。

作为传统村落重要物质载体的建筑,包括公共建筑及民居建筑,分文物建筑、历史建筑和风貌建筑三个保护级别,其措施视具体情况进行加固和修复。对公共建筑如鼓楼、风雨桥、戏台、祠堂等应遵循其传统建筑形态,用传统的手工技艺对其进行维护和修缮,保持建筑本身的文化特色,保证整体氛围的原真性。对改建、翻新的民居建筑,应采取外部风貌与原有传统建筑保持一致的整治,改善和提升内部使用功能和实用美观的原则。一是在建筑风貌控制上做到与周边环境相协调,在体量、色彩、形制、装饰等方面达到与传统村落风貌协调的要求;二是强化内部与外部景观互动的装饰风格,注意防火隔音的处理;三是注重民居建筑的功能化、便捷化、舒适化的宜居整治;四是材料的保留与更替要最大限度地运用本土石材,同时可运用新工艺、新材料实现传统村落的"修旧如旧"。

10. 尽量使街巷空间肌理和路网格局最具特色与自然美

要保护街巷走向与宽度、街廓比例、两侧界面风貌、相关历史信息等,禁止侵占、改线或拓宽。要保护村寨步行环境和氛围,维持原有传统路面材料和道路路面铺砌方式,禁止使用混凝土块、地砖、平整打磨的石材等进行铺砌。道路营造要基于充分利用自然石材的原则,这是维护村落整体格局及风貌的保证。对已经破坏的街道,要酌情恢复原有的铺装形式和本土材料,如用青石板、鹅卵石等进行恢复和修缮,维持小道路径,保持或恢复石梯和石垒堡坎。道路的整治与营造应强调兼具生态与美观的理念,保护道路两侧绿化,保持吸收地表径流功能,同时注意各类埋线的合理性,减少维修对道路的破坏。

村落的水体是一个涵盖村落上下游河流乃至更大地域的水环境,是村落生存的最基本要素。主要由河溪、水塘、田水源、饮用水等构成村落生产、生活、景观的水系统,具有自然化、生态化、景观化性质。但水体往往因河道改道、垃圾倾倒、污水排放、采石采矿、水面被占用而遭受破坏。因此,对传统村落水体的保护,一是对河流形态的保护应顺应自然,禁止村落河流改道,保持自然河渠水系,修复自然溪流系统;二是对乡村的排水排污进行系统改造,禁止往水体内倾倒淤泥、垃圾、杂物,限制生活污水随意排放,对垃圾和污水的收集和处理进行科学管控;三是禁止侵占河流岸线及破坏河流岸线的建设活动,对占用河面的建筑,视其对自然环境景观的影响程度进行拆除或改造处理;四是对水塘进行塘底清淤和水源补给,选用适当水生植物美化水塘,提升风貌品质,确保消防用水。

传统村落分布的特点为"山、水、村落",山是传统村落的自然环境,同时也是村落的景观所在。山体常常因开山采石、泥石流、山体滑坡、修路、乱砍滥伐等,造成山体缺损、山脉断裂、植被缺失、水土流失等,不仅自然生态遭受破坏,而且影响整个村落的环境美,因此,对山体的保护也就显得尤为重要的。严格保护村落四周的自然山体区域,控制好村落建设用地无度蔓延对自然山体的破坏,控制开山采石、砍伐树木等破坏山体格局和景观环境的行为。一方面,禁止人为因素的破坏。另一方面,对已经遭破坏的山体采取抢救性修复措施:对于山体缺损情况,利用加固、残损修补、梯阶过渡等方式恢复其原有的山形山势;对水土流失、土质沙化、植被稀少地,采取覆土、绿化种植等相关生态修复技术,恢复山体自然景观形态,以保护好村落原生态的自然环境格局。

农田是传统村落农耕文化和村落环境的重要组成部分,保护好农田是传统村落保护和开发的重要前提,也是创建良好人居环境的基础和保障。因此,需要保持农田风貌的完整度和层次感,需要保护其水源涵养林、灌溉设施等生产技术系统、生态系统、文化景观系统等,使田间道路规划更加科学、灌溉排水能力更加顺畅、生态环境明显改善。

一方面,需要用特殊保护政策鼓励农田种植的可持续性发展,避免闲置、撂荒农田。如可借助国家"永久基本农田保护补偿基金"等激励制度,调动村民保护农田的积极性和主动性,营造自觉主动保护农田的良好氛围;另一方面,在维护和营造中保护好原有农田,不得占用村落周边的农田用于修建集散中心、广场和停车场等。

传统村落依山傍水,村落自然环境中林木、花草等植物完美和谐地结合在一起,体现出人与自然和谐共生的关系和自然生态原真性的美。所以,村落的环境保护和营造要强调与自然环境协调的美,应优先考虑对本土多样性植物的维护和利用。一是加强对村落古树名木、特色植物、自然植被的维护或复育;在村落空间格局里维护和补种具有经济价值和观赏价值适应本土的季节性作物,如李、桃、梨、油菜等。二是各种野生花卉的补种栽培,也可适当种植外来观赏植物,让村落在每个时节都有茂密的植被和盛开的鲜花。三是鼓励房前屋后,路边坎下,边边角角,都种上蔬菜、瓜果,提高了有限的土地的利用价值。乡村的绿化要呵护她的野生和"杂乱",不需要整齐划一的营造,自然协调的乡野美能够进一步提升传统村落环境景观,丰富和美化村落空间。

传统村落的保护,政府与社会力量付出了巨大的努力,取得了历史性的成绩,但面临的困难却越来越多：村民保护意识薄弱导致的原真性破坏，研究不足导致的保护基础不牢，政策法规的缺憾导致不接地气不够灵活，政府资金扶持不及时导致资金缺乏，没有足够的技术人才导致建设性破坏，各种项目的置入，如道路修建导致村落肌理的改变、水利工程建设导致的水系毁坏、旅游开发对山林梯田的占用、消防防火分区对村落的肢解，还有对传统村落的现代化"整容"，这些传统村落山水田园与民居自然天成的环境遭到损害的同时，美丽的家园有可能在短短的时间内云散烟消，传统村落又谈何发展？因此，重保护，营造诗意乡村生活，才是乡村振兴、促进乡村可持续发展的基础。

三、传统村落的利用

开发利用传统村落，让人们永久地记住乡愁，就涉及传承、保存及修复具体建筑物及相关古迹，回归村落的原生态风貌。在新的历史时代，传承及开发利用村落文化既守住了一个村落的魂，又能在传承过程中创新，服务并推动社会、经济、文化的建设与发展。做好传统村落传统文化的开发利用工作，需要加大以下方面的工作力度。

（一）加强宣传，增强保护意识

传统村落作为老祖宗留给我们的珍贵遗产，承载着丰富的历史文化信息，对经济社会发展必将产生重大而深远的影响。各级、各部门一定要高度重视传统村落的保护和开发利用工作，本着对历史、对子孙后代高度负责的态度，开展科学的保护和合理的利用。要通过多种途径，采取各种形式，加大舆论宣传，改变一些基层群众对传统村落保护开发认识不足的问题，把古建文化作为传统文化的重要组成部分，树立保护古建文化就是传承邵武本土文化的理念，不断增强文物保护的责任感和使命感，在全市营造和形成积极支持和参与古建保护和全域旅游开发的社会氛围。

（二）创新机制，加大资金投入

首先，继续努力申报更多的国家级和省级传统村落，争取更多的资金用于传统村落的保护和开发。其次，加大地方财政资金的投入力度。建议市财政每年都要安排一定的专项资金，用于上级专项资金的配套，或对暂时未能列入上级保护单位、但又急需修缮的传统村落进行抢救性保护。乡镇、村级在财力允许的情况下，也要筹集传统村落保护专项资金。最后，制定和出台相应激励政策，拓宽和创新投资机制。采取PPP(公共私营合作制)等融资模式，引进和吸纳社会资本和民间资本投入。有条件的村庄还可试点股份合作模式，组织村民以入股的方式参与传统村落保护和开发建设，共享传统村落开发的成果。在合作开发过程中，要以合同的方式明确各方的权利和义务，明确各方每年的投资进度和工程进度，以及各方违约责任。

（三）尊重历史，保护原始风貌，深入挖掘传统村落文化内涵

在传统村落保护过程中，要做到在不改变村落整体风貌和特征的前提下，建立村落核心保护区域。对已遭到破坏的古建筑，应立即组织相关专业人员进行修复，并确保修复之后的形貌与原来相同；对于没有遭到破坏的古建筑，要进行适当的加固，保证其不受自然灾害等因素的影响；对古建筑的修缮，要遵循最小干预的原则，保证建筑的原始风貌，不做过多的表面修饰，更不要画蛇添足，坚决避免乱拆乱建的情况发生。同时，遵循生态保护、绿色环保理念，科学地保护历史文化遗产。传统村落的魅力之处不仅体现在它的古建筑和传统基础设施建设等外在形态上，更体现在它独特的文化内涵上。传统村落的文化内涵不仅包含农耕文化、耕作方式和作物结构为主的文化价值，还包含融合传统美德和风俗习惯的情感价值。社会各界要深入挖掘传统村落文化内涵，激发传统村落的生机与活力，为传统村落旅游业的开发注入文化内涵，让传统村落的魅力更加深入人心。

（四）创优环境，准确定位传统村落发展方向

各级地方政府要采取切实有效的措施和倾斜政策，对农村确因如子女结婚等原因需要建新房的古建户，合理申请和调整用地指标，以解其燃眉之急。对破坏古建、盗卖文物的违法行为，要坚决进行打击和惩治。要进一步加大传统村落环境整治力度，为村域文化旅游开发奠定良好基础。充分利用传统村落深厚的历史文化底蕴和独特的地理环境优势，坚持科学保护、合理开发，在保护中开发，在开发中保护，形成传统村落保护和开发利用的良性互动。要因地制宜，突出特色，充分挖掘当地独特的传统文化，与特色小镇建设结合起来。同时将民俗风情、传统工艺、特色小吃等地方特色融入其中，将村民利益、集体利益和传统村落保护开发有机地联系起来，促进当地文化旅游发展，带动农民增收致富。

传统村落的发展方向的选择要以地域布局、生活习俗、宗教信仰、历史文化背景等为依据，用科学发展观作为理论指导，取其精华，去其糟粕。生活习俗是非常容易忽视的，时间是没有痕迹的，洗刷了一代代人的生活习惯，思维的转变，物质的提升，人们的生活习惯逐渐现代化，一些元素已经一去不复返了。但是传统村落的开发要注重生活习俗的传承，生活习俗不仅与村落息息相关，更见证者传统村落的建成与发展，在进行开发规划时要注意提炼传统村落间生活习俗的相同点和不同点，村落之间不同的生活习俗也可成为传统村落开发的独特之处。定位传统村落发展方向要紧紧依靠历史文化背景，他们记载着传统村落发展过程中的方方面面，是最为宝贵的财富。定位传统村落发展方向一定要因地制宜，整体统筹，最终实现传统村落的可持续发展。

(五)加大传统村落专业队伍建设

利用传统村落建设的平台,吸引专业技术人才,向上争取专业团队前来指导建设。把以人为本、道法自然作为美丽乡村建设的总体要求。让居住在乡村里的群众生活得更美好,增加他们的收入,提高他们的幸福指数,打好"生态乡村、经营乡村"两张牌,让村民真正把自己作为传统村落保护与发展的一部分,从而振兴传统村落建设。

(六)强化保护意识,完善保护机构

在全面建成小康社会的大背景下,加强对传统村落的保护和利用,各级政府官员与村民自身的保护意识应不断地加强,对传统村落保护的组织领导机构也要进行不断的完善,传统村落的保护宣传力度,借助多元化的宣传方式,不断地强化全民的保护意识,在注重美丽乡村建设的同时,还要切实加强对传统村落的保护,在社会上营造出注重传统村落保护的良好氛围。而保护传统村落具有较强的系统性和复杂性,需要按部就班地开展,多部门之间合作,由政府加强对其的监管,并完善保护领导机构,确保其职责得到有效的明确,切实做好传统村落的保护工作,尽可能地将当地群众参与保护的积极性激发起来,建立全面覆盖和行之有效的工作模式与体系。

(七)纳入法制轨道,强化立法进程

当前,我国还没有出台关于促进我国传统村落和文化保护的法律,为避免传统村落被破坏的情况出现,避免传统村落无序的开发,就需要在传统村落文化保护中做到加强立法工作的开展,并尽快制定加强传统村落保护的法律法规,对传统村落保护中的法律责任进行有效的明确,注重传统村落保护,加强对当地风土人情、语言文字和文化习俗以及精神信仰和传统工艺与产业的保护。

(八)全面普查村落,做好规划保护

加强对传统村落的保护,需要我们组织有关专家在所属的区域内全面地普查相关村落,并做好对其的甄别和选级工作,通过专家指导来评估传统村落,特别是有保护价值的村落及其有关附属物和设施等,均需要做好普查登记,并对其传承的文化和民俗以及历史名人和故事传说等开展分级分类工作,并结合专业意见制定相应的保护规划,切实注重传统村落申报,而政府则需要加强验收和评估工作,并有针对性地为其保护进行分级监管与规划指导,结合传统建筑的年份和保存的完整性等,对保护等级和重要性进行明确,并提出相应的措施,切实加强保护和完善工作。

(九)注重资金扶持,实现专款专用

政府部门需要把传统村落的保护资金作为财政预算,并加大财政支持力度,切实注

重对其编制保护规划和历史街道以及古建筑的修复,对非遗保护的传统村落加大补助力度,且对其保护资金的投入做到多元化和多渠道化,切实加强资金的投入,在保护传统村落风光和原貌的前提下,同时利用其建设美丽乡村,促进美丽乡村建设成效的提升。

四、传统村落的传承、保护与利用展望

传统村落的保护与开发不是阶段性的,需要我们长期努力。当前传统村落的保护与开发处于初期阶段,我们要把握适度原则和可持续发展原则,不能一味地追求经济效益而对传统村落过度开发,以致忽视了对传统村落的保护。我们要力争做到在保护的基础上开发得更好,在开发的基础上保护得更好。除此之外,对于传统村落的保护与开发,我们不仅要关注建筑外在形态的保护与开发,而且要注重传统村落文化内涵的深入挖掘,仅关注建筑外在形态的保护与开发是不系统不完整的。要继续针对传统村落保护与开发存在的现实问题进行深入探讨,并及时提出科学合理有效的解决措施,实现传统村落的可持续发展,让未来更多的人可以看到美丽静谧、蕴含深刻文化内涵的传统村落。

总而言之,在注重传统文化保护的今天,我们既要秉承先人的遗志,继往开来,奋勇进取,注重对传统文化的开发利用,又要以可持续发展理念为指导,切实加强对其的保护。只有结合现状和自身的特色与不足,切实注重本土特色的彰显,强化在技术、资金和人才等方面的投入,才能更好地促进与推动传统村落的传承、保护与开发利用,促进传统村落风土人情的彰显,更好地推动行业的发展和进步。

参考文献

[1] 成力滔,刘建浩.基于Citespace的我国少数民族传统村落研究现状和热点的可视化分析[J].西藏科技,2019(12):36-39.

[2] 邱扶东,朱毓旻.传统村落旅游发展研究综述[J].农村经济与科技,2016,27(5):75-78.

[3] 田慧.福建传统村落保护和发展研究综述[J].艺术生活-福州大学厦门工艺美术学院学报,2015(2):60-63.

[4] 何小红.贵州省传统村落研究综述[J].合作经济与科技,2016(15):30-31.

[5] 罗萍嘉,郑祎.基于CiteSpace的中国传统村落旅游发展文献综述可视化研究[J].地理与地理信息科学,2020,36(1):129-135.

[6] 李诗敖.近三十年来徽州传统村落研究综述与展望[J].中外建筑,2020(10):49-52.

[7] 顾大治,孟庆贺,虞茜茜.典型学者研究视角下徽州传统村落研究综述[J].湖南城市学院学报(自然科学版),2020,29(4):35-39.

[8] 邓绍云.我国少数民族特色村落建设研究综述[J].黑龙江科技信息,2017(7):235-237.

[9] 韩禹文,唐承财,杨春玉,等.中国传统村落旅游研究的知识图谱分析[J].世界地理研究,2019,28(5):200-209.

[10] 谢景连,王健,王金元.传统村落保护发展的新理念、新思路、新对策:2016传统村落保护发展论坛会议综述[J].原生态民族文化学刊,2016,8(4):103-108.

[11] 王金平,左敬.三大旅游板块视角下的山西传统村落研究[J].太原理工大学学报,2020,51(6):918-925.

[12] 董艳平,刘树鹏,许熙巍,等.中国传统村落空间分异的流域性特征研究[J].西北大学学报(自然科学版),2021,51(1):128-142.

[13] 黄雪红,李利,杨戈,等.乡村振兴下豫中传统村落景观环境驱动机制研究[J].环境科学与管理,2020,45(11):44-48.

[14] 樊宸希,马明.内蒙古农牧交错带中西部传统村落边界形态量化研究[J].智能建筑与智慧城市,2020(11):129-131.

[15] 刘馨秋,沈志忠.中国传统村落:历史记忆与传承发展——首届中国传统村落保护论坛会议综述[J].中国农史,2017,36(4):137-143.

[16] 许建和,乐咏梅,毛洲,等.湖南省传统村落空间格局影响因素与保护模式[J].经济地理,2020,40(10):147-153.

[17] 何艳冰,张彤,熊冬梅.传统村落文化价值评价及差异化振兴路径:以河南省焦作市为例[J].经济地理,2020,40(10):230-239.

[18] 时少华,裴小雨.传统村落活态保护利用与旅游融合发展研究[J].昆明理工大学学报(社会科学版),2020,20(5):103-108.

[19] 曹如姬,张婉仪.全域旅游导向下传统村落文化传承与创新设计:以垣曲县同善村为例[J].建筑与文化,2020(11):259-261.

[20] 耿向东.唤醒传统村落的历史文化基因:以珠海南门村历史文化调查为例[J].社会治理,2018(7):65-67.

[21] 鲁可荣,程川.传统村落公共空间变迁与乡村文化传承:以浙江三村为例[J].广西民族大学学报(哲学社会科学版),2016,38(6):22-29.

[22] 王宝强,宦小艳,李萍萍.传统村落非物质文化保护的空间再生策略研究:以世界文化遗产花山景区濑江屯为例[J].华中建筑,2020,38(12):116-120.

[23] 程晋南,赵庚星,张子雪,等.山东省传统村落空间格局及地理分异特征分析[J/OL].桂林理工大学学报:1-10[2020-12-12].http://kns.cnki.net/kcms/detail/45.1375.n.20201207.1048.002.html.

[24] 张星,何依.城边型传统村落保护与发展路径选择:以宁波市滨海地区为例[J].华中建筑,2020,38(12):94-99.

[25] 朱祎珍.福建忠山村传统村落景观资源评价与保护[J].西南林业大学学报(社会科学),2020,4(6):45-51.

[26] 赵冶,黄思源,谢小英.融水大里村国里屯传统村落空间形态和建筑特征研究[J].广西城镇建设,2020(11):68-71+77.

[27] 李孜沫.赣江流域古村落时空演化与区域开发[J].科技创业月刊,2020,33(11):63-67.

[28] 廖金荣,朱江晨,李婉莹.传统村落文化的保护与活态传承:以江西分宜防里"进士村"为例[J].文物鉴定与鉴赏,2020(17):64-67.

[29] 李祥.论徽州古村落保护与利用过程中的居民参与[J].黄山学院学报,2014,16(2):1-4.

[30] 汪婷."公地悲剧"视角下徽州古村落的开发与保护[J].安徽理工大学学报(社会科学版),2016,18(5):8-10.

[31] 周静帆.以用促保:云南普洱市城子三寨村傣族传统村落活化保护研究[J].华中建

筑,2020,38(11):114-118.

[32] 吴平.美丽乡村建设中传统村落保护与营建:以贵州省黔东南州为例[J].中南民族大学学报(人文社会科学版),2020,40(6):27-33.

[33] 储金龙.古徽州传统村落的空间分布与演化研究[J].安徽建筑大学学报,2018,26(3):26-34.

[34] 余压芳,庞梦来,张桦.我国传统村落文化空间研究综述[J].贵州民族研究,2019,40(12):74-78.

[35] 鲁可荣,程川.传统村落公共空间变迁与乡村文化传承:以浙江三村为例[J].广西民族大学学报(哲学社会科学版),2016,38(6):22-29.

[36] 耿向东.唤醒传统村落的历史文化基因:以珠海南门村历史文化调查为例[J].社会治理,2018(7):65-67.

[37] 汪瑞霞.传统村落的文化生态及其价值重塑:以江南传统村落为中心[J].江苏社会科学,2019(4):213-223.

[38] 何小红.贵州省传统村落研究综述[J].合作经济与科技,2016(15):30-31.

[39] 李文兵.国内古村落旅游研究进展[J].淮海工学院学报(人文社会科学版),2008,6(3):69-72.

[40] 李文兵.基于游客感知价值的古村落旅游主题定位与策划模式研究:以岳阳张谷英村为例[J].地理与地理信息科学,2010,26(1):108-112.

[41] 杨桂华.民族生态旅游接待村多维价值的研究:以香格里拉霞给村为例[J].旅游学刊,2003,18(4):76-79.

[42] 李文兵,张宏梅.古村落游客感知价值概念模型与实证研究:以张谷英村为例[J].旅游科学,2010,24(2):55-63.

[43] 刘沛林,于海波.旅游开发中的古村落乡村性传承评价:以北京市门头沟区爨底下村为例[J].地理科学,2012,32(11):1304-1310.

[44] 葛雯,单鹏飞,唐罗娜.基于传统村落核心价值的旅游开发利用研究:以苏州陆巷—杨湾村落集群为例[J].苏州科技学院学报(自然科学版),2014,31(3):63-68.

[45] 葛雯.苏州传统村落旅游产品规划研究[D].苏州科技学院,2014.

[46] 李东和,孟影.古民居保护与旅游利用模式研究:以黄山市徽州古民居为例[J].人文地理,2012(2):151-155.

[47] 车震宇,楚珊珊,郑溪.游客行为与传统村落游览区域适度控制研究:以西递村、束河古镇为例[J].旅游科学,2010,24(2):64-70.

[48] 李斌.传统村落旅游经济的认识与开发:基于屿北村与光复乡的比较[J].经济研究导刊,2014(17):143-144.

[49] 何艳冰,张彤,熊冬梅.传统村落文化价值评价及差异化振兴路径:以河南省焦作市

为例[J].经济地理,2020,40(10):230-239.

[50]彭一刚.传统村镇聚落景观分析[M].北京:中国建筑工业出版社,1994.

[51]刘沛林.古村落:和谐的人聚空间[M].上海:三联书店,1997.

[52]许建和,乐咏梅,毛洲,等.湖南省传统村落空间格局影响因素与保护模式[J].经济地理,2020,40(10):147-153.